**1** 次の英文の( )内から適切な語を〇で囲みなさい。(7点×4)

(1) I ( am, are ) Mary.

(2) You ( am, are ) Ms. Sato.

(3) I ( am, are ) from Tokyo.

(4) You ( am, are ) a teacher.

**2** 次の日本文に合うように，適切な語を下から選んで書きなさい。(8点×4)

(1) わたしはメグです。　　　　　.................................. .............................. Meg.

(2) あなたは学生です。　　　　　.................................. .............................. a student.

(3) わたしは大阪出身です。　　　.............................. from Osaka.

(4) あなたは田中先生です。　　　.............................. Mr. Tanaka.

〔 are, I, you're, you, am, I'm 〕

**3** 次の英文を日本語に直しなさい。(8点×2)

(1) I am from America.

[　　　　　　　　　　　　　　　　　　　　　　　]

(2) You are a baseball player.

[　　　　　　　　　　　　　　　　　　　　　　　]

**4** 次の日本文に合うように，( )内の語句を並べかえなさい。(8点×3)

(1) わたしは鈴木コウタです。( Suzuki Kota, I, am ).

..............................................................................................................

(2) わたしはカナダ出身です。( Canada, am, I, from ).
　　　　　　　　　　　　　カナダ

..............................................................................................................

(3) あなたは中学生です。( junior high school student, are, you, a ).
　　　　　　　　　　　　中学生

..............................................................................................................

－1－

# 2 あなたは～ですか。

## Are you ～ ?

**1** 次の英文の（　）内から適切な語句を〇で囲みなさい。(4点×5)

(1)（Are,　Am）you a student ?

(2) I（am not,　not）a soccer player.
　　　　　　　　　　　サッカー選手

(3)（I,　I'm）not from Nagoya.

(4) You（are not,　not）a teacher.

(5) You're（not,　aren't）Miki's brother.

**2** 次の日本文に合うように，適切な語を書きなさい。(10点×4)

(1) あなたは鈴木エミさんですか。

　.................................. .......................... Suzuki Emi ?

(2) いいえ，ちがいます。((1)の答え)

　.................................. , .......................... .............................. .

(3) ぼくはユウジではありません。

　I .................................. .......................... Yuji.

(4) あなたは新入生ではありません。

　.................................. .......................... a new student.

notを置く
位置に注
意しよう。

**3** 次の日本文に合うように，（　）内の語句を並べかえなさい。(10点×4)

(1) あなたは看護師ですか。（nurse,　you,　are,　a）?
　　　　　　　　　看護師

　.................................................................................................................... ?

(2) はい，そうです。((1)の答え)（am,　I,　yes / , ）.

　.................................................................................................................... .

(3) あなたはケンの妹ではありません。（not,　you,　Ken's sister,　are）.

　.................................................................................................................... .

(4) わたしはピアニストではありません。（a,　am,　I,　pianist,　not）.
　　　　　　　　　　　　　　　　　　　ピアニスト

　.................................................................................................................... .

# 3 1本のペン, 1つのりんご
## a pen / an apple

**1** 次の( )内から適切な語を〇で囲みなさい。(5点 × 8)

(1) ( a, an ) dictionary
辞書

(2) ( a, an ) car

(3) ( a, an ) orange

(4) ( a, an ) egg

(5) ( a, an ) apple

(6) ( a, an ) guitar

(7) ( a, an ) umbrella
かさ

(8) ( a, an ) eraser
消しゴム

**2** 次の英文の＿＿＿に**a**か**an**を入れなさい。どちらも入れる必要がないときは×を入れなさい。(5点 × 4)

(1) I am ＿＿＿＿＿＿＿ new student.

(2) You are ＿＿＿＿＿＿＿ basketball player.

(3) I am not ＿＿＿＿＿＿＿ English teacher.

(4) You aren't ＿＿＿＿＿＿＿ Kate.

**3** 次の日本文に合うように, ( )内の語句を並べかえなさい。ただし, 不要な語が1語ずつ含まれています。(10点 × 2)

(1) わたしは古くからの友人です。( old friend, am, a, I, an ).

＿＿＿＿＿＿＿＿＿＿＿＿＿＿＿＿＿＿＿＿＿＿＿＿＿＿＿＿ .

(2) あなたはアキコのお父さんですか。( are, an, Akiko's father, you )?

＿＿＿＿＿＿＿＿＿＿＿＿＿＿＿＿＿＿＿＿＿＿＿＿＿＿＿＿ ?

**4** 次の英文の誤りを直して正しい英文に書きかえなさい。ただし, 下線部はかえないこと。(10点 × 2)

(1) Are you an <u>junior high school student</u> ?

＿＿＿＿＿＿＿＿＿＿＿＿＿＿＿＿＿＿＿＿＿＿＿＿＿＿＿＿

(2) I am from a <u>New York</u>.

＿＿＿＿＿＿＿＿＿＿＿＿＿＿＿＿＿＿＿＿＿＿＿＿＿＿＿＿

# 4 これは〔あれは〕～です。

## This〔That〕is ～.

**1** 次の英文の（　）内から適切な語を○で囲みなさい。（7点×4）

(1) I （ am, are, is ） an English teacher.

(2) This （ are, am, is ） a bag.

(3) You （ is, are, am ） a tennis player.

(4) That （ am, is, are ） an egg.

**2** 次の日本文に合うように，適切な語を書きなさい。（10点×3）

(1) これはポールの本です。

　　.......................................... ........................... Paul's book.

(2) あちらはブラウン先生です。

　　.......................................... ........................... Mr. Brown.

(3) あれはオレンジです。

　　.............................. an orange.

**3** 次の英文を日本語に直しなさい。（10点×2）

(1) This is Keiko's father.

　　[　　　　　　　　　　　　　　　　　　　　　　　　　]

(2) That's an old camera.

　　[　　　　　　　　　　　　　　　　　　　　　　　　　]

**4** 次の日本文に合うように，（　）内の語句を並べかえなさい。（11点×2）

(1) あれは新しいギターです。（ is, a, that, new guitar ）.

　　.................................................................................................... .

(2) こちらはユミのお姉さんです。（ Yumi's, is, this, sister ）.

　　.................................................................................................... .

# 5 これは〔あれは〕～ですか。

## Is this〔that〕～?

**1** 次の英文を（　）内の指示に従って書きかえなさい。(10点 × 2)

(1) This is your brother.（疑問文に）
あなたの

.................................................................................................................

(2) That is a new computer.（否定文に）

.................................................................................................................

**2** 次の日本文に合うように，適切な語を書きなさい。(10点 × 5)

(1) あれは古いテーブルですか。

...................... ...................... ...................... old table ?

(2) いいえ，ちがいます。((1)の答え)

No, ...................... ...................... .

(3) あれは鳥ではありません。

That ...................... ...................... a bird.

(4) これは鉛筆ではありません。それはペンです。

This ...................... a pencil. ...................... is a pen.

(5) あれはいすではありません。それは箱です。

...................... ...................... a chair. ...................... a box.

**3** 次の日本文に合うように，（　）内の語を並べかえなさい。(10点 × 3)

(1) あれはカップではありません。( is, cup, a, not, that ).

................................................................................................................. .

(2) これはトムの自転車ですか。( is, bike, this, Tom's )?

................................................................................................................. ?

(3) はい，そうです。((2)の答え) ( is, yes, it / , ).

................................................................................................................. .

**6 まとめテスト ①**

**1** 適切な語を下から選んで書きなさい。ただし，同じ語を何度使ってもよい。（4点×7）

(1) You _____ a baseball player.

(2) This _____ Kazuki's dog.

(3) I _____ from Canada.

(4) That's _____ a pencil.

(5) _____ you a teacher ? —— No, _____ not.

(6) _____ this Aki's bag ? —— Yes, _____ is.

(7) _____ that a library ? —— No, _____ not.
　　　　図書館
〔 am, are, is, I'm, you're, it's, it, not 〕

**2** 次の日本文に合うように，適切な語を書きなさい。（12点×3）

(1) わたしは高校生ではありません。

_____ _____ a high school student.
　　　　　　　　　　　高校生

(2) あれはかさです。

That _____ _____ umbrella.

(3) あなたはタケシのお兄さんではありません。

_____ _____ Takeshi's brother.

**3** 次の英文を（　）内の指示に従って書きかえなさい。（12点×3）

(1) That is Mami's English teacher. （否定文に）

_____

(2) I am Tanaka Rina. （下線部をThisにかえて）

_____

(3) This is a new bike. （下線部をoldにかえて）

_____

# 7

## 彼は〔彼女は〕〜です。

### He〔She〕is 〜.

**1** 次の英文の（　）内から適切な語を○で囲みなさい。（5点 × 5）

(1) He （ am,　are,　is ） from Kyoto.

(2) I （ am,　are,　is ） a student.

(3) She （ am,　are,　is ） a doctor.

(4) That （ am,　are,　is ） my school.

(5) You （ am,　are,　is ） an English teacher.
<small>わたしの</small>

**2** 次の英文の＿＿＿にHe's，She's，It'sの中から適切なものを入れなさい。

(1) This is Ken. ＿＿＿＿＿＿＿ a high school student.　　　　　（5点 × 3）

(2) This is Mary. ＿＿＿＿＿＿＿ a math teacher.
<small>数学</small>

(3) This isn't an orange. ＿＿＿＿＿＿＿ an apple.

**3** 次の日本文に合うように，適切な語を書きなさい。（10点 × 4）

(1) こちらはエミです。彼女はわたしのクラスメートです。

This is Emi. ＿＿＿＿＿＿＿ ＿＿＿＿＿＿＿ my classmate.
<small>クラスメート</small>

(2) こちらはブラウンさんです。彼は新しい先生です。

This is Mr. Brown. ＿＿＿＿＿＿＿ ＿＿＿＿＿＿＿ a new teacher.

(3) こちらはジムのお兄さんです。彼は野球選手です。

This is Jim's brother. ＿＿＿＿＿＿＿ a baseball player.

(4) あちらはケイコのお姉さんです。彼女はよい歌手です。

That's Keiko's sister. ＿＿＿＿＿＿＿ a good singer.
<small>歌手</small>

**4** 次の英文を日本語に直しなさい。（10点 × 2）

(1) That is Mike. He is from Australia.
<small>オーストラリア</small>

[　　　　　　　　　　　　　　　　　　　　　　　　　　　　　　　]

(2) This is Yumi's mother. She's a music teacher.

[　　　　　　　　　　　　　　　　　　　　　　　　　　　　　　　]

**1** 次の英文を（　）内の指示に従って書きかえなさい。(9点 × 2)

(1) Jim is a high school student.（疑問文に）

.................................................................................................................

(2) She is Kaori's friend.（否定文に）

.................................................................................................................

**2** 次の日本文に合うように，適切な語を書きなさい。(7点 × 6)

(1) 彼は中学生ですか。

........................... ........................... a junior high school student ?

(2) はい，そうです。((1)の答え)　Yes, ........................................... .

(3) 彼女はロンドン出身ですか。

........................... ........................... from London ?

(4) いいえ，ちがいます。((3)の答え)　No, ........................................... .

(5) 彼女はカズヤのお姉さんではありません。

She ........................... ........................... Kazuya's sister.

(6) 彼はアンディーの友だちではありません。

He ........................... Andy's friend.

**3** 次の日本文に合うように，（　）内の語を並べかえなさい。(10点 × 4)

(1) 彼は新入生ですか。( he,　student,　new,　is,　a )?

.................................................................................................... ?

(2) メアリーはユカの友だちですか。( friend,　is,　Yuka's,　Mary )?

.................................................................................................... ?

(3) 彼女は歌手ではありません。( singer,　not,　she,　a,　is ).

.................................................................................................... .

(4) 彼はわたしのおじさんではありません。( he,　uncle,　isn't,　my ).

.................................................................................................... .

# 9 これは～ですか, それとも…ですか.

## Is this ~ or ... ?

**1** 次の日本文に合うように, 適切な語を書きなさい。(10点×4)

(1) これはりんごですか, それともオレンジですか。

　　.......................... this an apple .......................... an orange ?

(2) それはりんごです。((1)の答え)　.......................... an apple.

(3) あれはホテルですか, それとも病院ですか。

　　.......................... that a hotel .......................... a hospital ?

(4) それは病院です。((3)の答え)　.......................... a hospital.
ホテル　　　　　　　　　　　　　　　　病院

**2** 次の英文を日本語に直しなさい。(12点×2)

(1) Is she from Canada or the U.S. ? —— She's from Canada.
アメリカ合衆国

　　[　　　　　　　　　　　] [　　　　　　　　　]

(2) Is Mary's brother a student or a teacher ? —— He's a teacher.

　　[　　　　　　　　　　　] [　　　　　　　　　]

**3** 次の2文をorを用いて1つの文に書きかえ, (　)内の語句を使って答え
の文も書きなさい。(12点×2)

(1) Is this a school ? Is this a library ? ( a school )

　　..............................................................................................................................

　　—— ..............................................................................................................................

(2) Is he a singer ? Is he an actor ? ( a singer )
俳優

　　..............................................................................................................................

　　—— ..............................................................................................................................

**4** 次の日本文に合うように, (　)内の語句を並べかえなさい。(12点)

これはあなたの自転車ですか, それともマイクの自転車ですか。

( is, or, your bike, this, Mike's bike )?

　　.............................................................................................................. ?

# 10 これは〔あれは〕何ですか.
## What is this〔that〕?

解答 ➡ P.63

合格点 **80** 点

得 点　　　点

**1** 次の英文の（　）内から適切な語を〇で囲みなさい。(6点 × 2)

(1) What is this ? ——（ This, That, It ）is my cup.

(2)（ What, What's, It's ）that ? —— It's a plane.
　　　　　　　　　　　　　　　　　　　飛行機

**2** 次の日本文に合うように，適切な語を書きなさい。(10点 × 4)

(1) これは何ですか。　　.................................. .............................. this ?

(2) それはカメラです。((1)の答え)

　.................................. .............................. .............................. camera.

(3) あれは何ですか。　　.............................. that ?

(4) それは古い写真です。((3)の答え)

　.................................. .............................. old picture.
　　　　　　　　　　　　　　写真

**3** 次の英文を（　）内の指示に従って書きかえなさい。(10点 × 3)

(1) What is that ? （「1つのりんごです」と答える文に）

　.......................................................................................................................

(2) What's this ? （「エミのピアノです」と答える文に）

　.......................................................................................................................

(3) This is a new book. （下線部をたずねる文に）

　.......................................................................................................................

**4** 次の疑問文に対する応答文として適切なものを下から選びなさい。ただし，同じ記号は2度使えない。(6点 × 3)

(1) Is this a new computer ?　　　　　　　　[　　]

(2) What is that ?　　　　　　　　　　　　[　　]

(3) Is that Mike's computer or John's computer ?　[　　]

ア It's an old computer.　　イ Yes, it is.　　ウ It is John's computer.

# わたしの、あなたの、彼の、彼女の

**This is my book.**

**1** ..........にmy, your, his, herの中から適切なものを入れなさい。(5点×4)

(1) .................... book（わたしの）　(2) .................... room（彼女の）

(3) .................... desk（あなたの）　(4) .................... chair（彼の）

**2** 次の日本文に合うように、適切な語を書きなさい。(10点×2)

(1) わたしの弟は彼女の生徒です。

.................... brother is .................... student.

(2) あれはあなたのかばんですか、それとも彼のかばんですか。

Is that .................... bag or .................... bag ?

**3** 適切な語を入れて、対話文を完成しなさい。(10点×4)

(1) *A* : What is your name ?

*B* : .................... .................... is Yumi.

(2) *A* : Is this your violin ?

*B* : Yes.  It's .................... violin.

(3) *A* : Is your brother's name Ken ?

*B* : No.  .................... name is Kenta.

(4) *A* : Is this Kaori's car ?

*B* : Yes.  It's .................... new car.

名詞の前に「〜の」を表す
語がつく場合は、a, an
はつけないよ。

**4** 次の日本文に合うように、（　）内の語を並べかえなさい。(10点×2)

(1) 彼女のお父さんは音楽の先生です。

( is,　father,　a,　teacher,　her,　music ).

.................................................................................... .

(2) これは彼のペンですか、それとも彼のお父さんのペンですか。

( pen,　or,　is,　his,　this ) his father's pen ?

.................................................................... his father's pen ?

# まとめテスト ②

**1** 適切な語を下から選んで書きなさい。ただし，同じ語を何度使ってもよい。(8点×6)

(1) This is Mary. ............................ is a teacher.

(2) This is Tatsuya. ............................ from Kyoto.

(3) Is Yumi a dancer ? ―― Yes, ............................ is.
ダンサー

(4) Is that Kenta's dog ?

―― No. ............................ isn't ............................ dog.

(5) Is this ............................ racket ?

―― No. ............................ isn't my racket.

(6) What is this ? ―― ............................ a computer.

〔it, he, she, it's, he's, she's, your, his, her〕

**2** 次の日本文に合うように，適切な語を書きなさい。(10点×3)

(1) 彼のお兄さんは高校生です。

............................ ............................ ............................ a high school student.

(2) これはわたしのペンですか，それともあなたのペンですか。

Is this ............................ pen ............................ ............................ pen ?

(3) 彼は彼女の友だちではありません。

............................ ............................ ............................ friend.

**3** 次の英文を（ ）内の指示に従って書きかえなさい。(11点×2)

(1) This is a <u>your</u> desk. （下線部はかえずに誤りを直して正しい文に）

....................................................................................................................

(2) That is <u>a new bike</u>. （下線部をたずねる文に）

....................................................................................................................

# 13 わたしは〔あなたは〕〜が好きです。

I(You) like 〜.

**1** （　）内の日本語を参考にして，適切な語を下から選んで書きなさい。

(1) I ................... swimming. （好きだ）　　　　　　　　（6点×4）
　　　　　　　　　水泳

(2) You ................... a computer. （持っている）

(3) You ................... this bike. （使う）

(4) I ................... a camera. （ほしい）

　　　　　　　〔 like，　use，　have，　want 〕

**2** 次の英文を日本語に直しなさい。(10点×2)

(1) You have a brother.

[　　　　　　　　　　　　　　　　　　　　　　　　　]

(2) I study math every day.
　　　　　　　　　　毎日

[　　　　　　　　　　　　　　　　　　　　　　　　　]

**3** 次の日本文に合うように，適切な語を書きなさい。(10点×3)

(1) わたしはあなたのお母さんをよく知っています。

I ................... your mother ................... .

(2) わたしは夏が大好きです。

I ................... summer ................... ................... .
　　　　　　　　　夏

(3) あなたは上手にフルートを演奏します。

You ................... ................... flute ................... .

**4** 次の日本文に合うように，（　）内の語を並べかえなさい。(13点×2)

(1) あなたはねこを1匹飼っています。( have，　cat，　you，　a ).

..................................................................... .

(2) わたしは学校へ歩いて行きます。( school，　walk，　I，　to ).

..................................................................... .

# 14 あなたは～が好きですか。
## Do you like ~ ?

**1** 次の英文の( )内から適切な語句を○で囲みなさい。(4点×4)

(1) ( Are, Do ) you go to school by bus ?

(2) ( Are, Do ) you often cook lunch ?
　　　　　　　　　しばしば 料理する　バスで

(3) I ( am, do ) not know Ms. Tanaka.

(4) You ( are not, are, don't ) read a newspaper.
　　　　　　　　　　　　　　　　　　　新聞

**2** 次の日本文に合うように，適切な語を書きなさい。(8点×8)

(1) あなたは音楽が好きですか。

　................................ you ................................ music ?

(2) はい，好きです。((1)の答え) Yes, ................................ .

(3) あなたは日本語を話しますか。

　................................ you ................................ Japanese ?

(4) いいえ，話しません。((3)の答え) No, ................................ .

(5) あなたは放課後，何をしますか。

　................................ ................................ you ................................ after school ?

(6) サッカーをします。((5)の答え) I ................................ soccer.
　　　　　　　　　　　　　　　　　　　放課後

(7) わたしはこの自転車を使いません。

　I ................................ ................................ ................................ this bike.

(8) わたしは日曜日は朝食を作りません。

　I ................................ ................................ breakfast on Sundays.
　　　　　　　　　　　　　　朝食

**3** 次の日本文を( )内の語を使って英語にしなさい。(10点×2)

(1) わたしは手にかさを持っていません。( umbrella, in )

　................................................................................................

(2) あなたは毎日ギターを弾きますか。( the, guitar )

　................................................................................................

# 15

## 2人の友だち, 3本のペン
### two friends / three pens

**1** 例にならい, 次の名詞を（ ）内の数字を加えて書きかえなさい。(6点×5)

〔例〕boy 　（ 3 ）→ ___three___ ___boys___

(1) chair 　（ 4 ）→ ........................................................

(2) city 　（12）→ ........................................................

(3) knife 　（ 6 ）→ ........................................................
　　ナイフ

(4) bus 　（15）→ ........................................................

(5) watch 　（ 7 ）→ ........................................................
　　腕時計

**2** 次の日本文に合うように, 適切な語を書きなさい。(10点×5)

(1) あなたはボールを8個持っています。

　　You have ................................................. .

(2) わたしはカナダに何人か友だちがいます。

　　I have ................................................. in Canada.
　　　　　　　　　　　　　　　　　　　　　　　～に

(3) あなたは何人か兄弟がいますか。

　　Do you have ................................................. ?

(4) わたしは犬を1匹とねこを2匹飼っています。

　　I have ................ dog and ................................................. .

(5) わたしは英語の本をたくさん持っています。

　　I have ................ English ................ .

**3** 次の英文を（ ）内の指示に従って書きかえなさい。(10点×2)

(1) I eat some eggs for breakfast. （否定文に）
　　食べる

　　........................................................................................................

(2) I want a box. （下線部をfiveにかえた文に）

　　........................................................................................................

# 16 何人の～。／いくつの～。

## How many friends do you have?

**1** 次の日本文に合うように，適切な語を書きなさい。(10点 × 2)

(1) あなたはペンを何本持っていますか。

　　........................... many ........................... do you have?

(2) 3本のペンを持っています。((1)の答え)

　　I have ........................... ........................... .

**2** 適切な語を入れて，対話文を完成しなさい。(10点 × 2)

(1) A：........................... many ........................... do you see?
　　　　　　　　　　　　　　　　　　　　　　　　　見える
　　B：I see two birds.

(2) A：How ........................... ........................... do you need?
　　　　　　　　　　　　　　　　　　　　　　　必要とする
　　B：I ........................... ten notebooks.

**3** 次の英文を，下線部をたずねる文に書きかえなさい。(15点 × 2)

(1) You want <u>five</u> apples.

　　....................................................................................................

(2) You read <u>four</u> books in a week.
　　　　　　　　　　　　1週間に

　　....................................................................................................

**4** 次の日本文に合うように，(　)内の語を並べかえなさい。(15点 × 2)

(1) あなたは辞書を何冊持っていますか。

　　( have, dictionaries, you, many, do, how )?

　　...................................................................................................?

(2) あなたは消しゴムをいくつ使いますか。

　　( erasers, you, many, do, how, use )?

　　...................................................................................................?

# これらは[あれらは]〜です。

## These(Those) are 〜.

**1** 次の英文の( )内から適切な語を〇で囲みなさい。(10点 × 2)

(1) ( This, That, These ) are your pencils.

(2) Are those your pens ? —— No, ( they, those ) aren't.

**2** 次の日本文に合うように，適切な語を書きなさい。(10点 × 4)

(1) あれらはわたしの母のCDです。

.......................... .......................... my mother's CDs.

(2) これらはわたしのねこです。

.......................... .......................... my .......................... .

(3) あの少年たちはあなたの友だちですか。

.......................... those boys your .......................... ?

(4) これらはあなたのラケットですか。

.......................... .......................... your .......................... ?

**3** 適切な語を入れて，対話文を完成しなさい。(10点 × 2)

(1) A : Are these boys your favorite musicians ?

    　　　　　　　　　大好きな　ミュージシャン

    B : No, .......................... .......................... .

(2) A : .......................... .......................... those ?

    B : They are Japanese books.

**4** 次の英文を( )内の指示に従って書きかえなさい。(10点 × 2)

(1) That is my notebook. （下線部をThoseにかえて）

..........................................................................................

(2) These girls are students. （疑問文にかえて，Yesで答える）

..........................................................　..........................................

# 18 〜はだれですか。
## Who is 〜 ?

**1** 次の日本文に合うように，適切な語を書きなさい。(10点 × 4)

(1) あの女の子はだれですか。

..................... ..................... that girl ?

(2) 彼女はわたしの妹です。((1)の答え)

..................... ..................... my sister.

(3) あの男の子たちはだれですか。

..................... ..................... those boys ?

(4) 彼らはわたしの弟の友だちです。((3)の答え)

..................... are my brother's friends.

> Who is 〜 ? に対しては，
> Yes/No では答えないよ。

**2** 次の疑問文に対する応答文として適切なものを下から選びなさい。

(1) Who is this woman ? [ ] (10点 × 4)
女の人
(2) Is this your sister ? [ ]
(3) Who are these girls ? [ ]
(4) Are these students from Australia ? [ ]

ア Yes, she is.　　イ They are my sisters.

ウ Yes, they are.　　エ She is my student.

**3** 次の日本文に合うように，( )内の語を並べかえなさい。(10点 × 2)

(1) 写真の中のこの男の人はだれですか。

( is, man, who, this ) in the picture ?
男の人

..................... in the picture ?

(2) 図書館にいるあの生徒たちはだれですか。

( those, who, are, students ) in the library ?

..................... in the library ?

# まとめテスト ③

**1** 適切な語を入れて，対話文を完成しなさい。(10点 × 2)

(1) A : ..................... you have ..................... pets ?

　　B : Yes, I do.  I have two dogs and a cat.

(2) A : ..................... ..................... those boys over there ?
　　　　　　　　　　　　　　　　　　　　　向こうの

　　B : ..................... are my friends.

**2** 次の日本文に合うように，適切な語を書きなさい。(10点 × 2)

(1) あなたは卵がいくつ必要ですか。

　　..................... ..................... ..................... do you need ?

(2) あなたは朝食の前に何をしますか。

　　..................... do you ..................... before breakfast ?
　　　　　　　　　　　　　　　　　　　～の前に

**3** 次の2文がほぼ同じ内容を表すように,適切な語を書きなさい。(12点 × 2)

(1) { You are a good tennis player.
　　{ You ..................... tennis ..................... .

(2) { I am a high school student.
　　{ I ..................... ..................... high school.

**4** 次の英文を（ ）内の指示に従って書きかえなさい。(12点 × 3)

(1) I have some American friends. （否定文に）
　　　　　　　　アメリカ人の

.............................................................................................

(2) I have a watch. （下線部をthreeにかえて）

.............................................................................................

(3) This is a bus. （下線部をTheseにかえて）

.............................................................................................

# 20 ～しなさい。／～しましょう。

Come here. / Let's play tennis.

合格点 80 点
得 点
点
解答 ➡ P.66

**1** 次の日本文に合うように，適切な語を書きなさい。(6点 × 5)

(1) 座りなさい。 ........................... down.

(2) 静かにしてください。 ........................... quiet, ........................... .
静かな

(3) ここでは日本語を話してはいけません。

........................... ........................... Japanese here.

(4) エミ，今ピアノを弾いてはいけません。

Emi, ........................... ........................... the piano now.
今

(5) 公園へ行きましょう。 ........................... to the park.

**2** 適切な語を入れて，対話文を完成しなさい。(10点 × 2)

(1) *A* : Let's play baseball.

*B* : Yes, ........................... .

(2) *A* : Let's sing this song at the concert.

*B* : No, ........................... .

**3** 次の日本文に合うように，( )内の語を並べかえなさい。(10点 × 5)

(1) この本を読みなさい，トム。 ( book, read, this ), Tom.

..........................................................., Tom.

(2) 部屋の中を走ってはいけません。 ( in, room, don't, run, the ).

........................................................... .

(3) 遅れないでください。 ( don't, late, be, please ).

........................................................... .

(4) 手紙を書いてください。 ( letter, a, please, write / , ).

........................................................... .

(5) 海で泳ぎましょう。 ( swim, sea, let's, the, in ).

........................................................... .

-20-

**彼は〔彼女は〕〜が好きです。**
He〔She〕likes 〜.

合格点 **80**点
得点 点
解答 ➡ P.66

**1** 次の英文の( )内の語を,適切な形にかえて現在の文にしなさい。(8点×4)

(1) My brother ( go ) to school by bike. ..............................

(2) The girl ( write ) her name in English. ..............................

(3) Ms. Jackson ( watch ) TV after dinner. ..............................
英語で

(4) John ( study ) math every day. ..............................

**2** 次の日本文に合うように,適切な語を書きなさい。(10点×2)

(1) アンはときどき母親の手伝いをします。

Ann sometimes .............................. her mother.
ときどき

(2) わたしの祖父は犬を2匹飼っています。

My grandfather .............................. two dogs.
祖父

**3** 次の英文の下線部を( )内の語句にかえて,全文を書きなさい。(12点×2)

(1) I speak Spanish. ( My cousin )
スペイン語

.................................................................................................

(2) Yumi and her sister make lunch every Sunday. ( Yumi's sister )
毎週日曜日

.................................................................................................

**4** 次の日本文に合うように,( )内の語句を並べかえなさい。(12点×2)

(1) わたしのおじはロンドンに住んでいます。

( London, uncle, lives, my, in ).

................................................................................................. .

(2) スミス先生はこの学校でフランス語を教えています。

( teaches, French, in, Mr. Smith, this school ).
フランス語

................................................................................................. .

# 22 彼は〔彼女は〕～が好きですか。

Does he〔she〕like ~ ?

合格点 **80** 点
得 点
点
解答 ➡ P.67

**1** 次の日本文に合うように，適切な語を書きなさい。(10点×4)

(1) ナンシーのお兄さんは日本語を話しますか。―― はい，話します。

............................ Nancy's brother ........................... Japanese ?

―― Yes, ............................ ............................ .

(2) アリスはカナダに住んでいますか。―― いいえ，住んでいません。

........................... Alice ......................... in Canada ?

―― No, ............................ ............................ .

(3) リエは放課後，何をしますか。―― 本を読みます。

...................................... .......................... Rie do after school ?

―― .......................... ...................... a book.

(4) 彼は牛乳が好きではありません。

He ................................. ........................... ........................... milk.

**2** 次の英文を（ ）内の指示に従って書きかえなさい。(15点×2)

(1) Hiroshi has lunch with Yuta. （否定文に）
　　　　食べる

.................................................................................................

(2) Jim studies math very hard. （疑問文に）

.................................................................................................

**3** 次の日本文に合うように，（ ）内の語句を並べかえなさい。(15点×2)

(1) エリはあまり料理をしません。

( doesn't, much, Eri, very, cook ).

................................................................................................. .

(2) あの少年は手に何を持っていますか。

( hand, does, his, that boy, have, what, in )?

................................................................................................. ?

# 23 わたしたちは〔あなたたちは〕〜です。
## We(You) are 〜.

**1** 次の日本文に合うように，適切な語を書きなさい。(10点 × 5)

(1) あなたたちは日本人ですか。

　　........................ ........................ Japanese ?

(2) いいえ，ちがいます。((1)の答え)

　　No, ........................ ........................ .

(3) わたしたちはコンサートで歌を歌います。

　　........................ ........................ a song at the concert.

(4) 彼らはバスケットボールをしますか。

　　........................ ........................ play basketball ?

(5) はい，します。((4)の答え)　Yes, ........................ ........................ .

**2** 次の英文を（　）内の指示に従って書きかえなさい。(10点 × 3)

(1) I am from China. （下線部を複数形にかえて）
　　中国

　　........................................................................................................

(2) Yuki is a good tennis player. （下線部を You and Yuki にかえて）

　　........................................................................................................

(3) Who is she ? （下線部を複数形にかえて）

　　........................................................................................................

**3** 次の疑問文に対する応答文として適切なものを下から選びなさい。

(1) Are you English teachers ?　　　　　　[　　　]　　　　(5点 × 4)

(2) Are Ken and Yumi your friends ?　　　[　　　]

(3) Do your brothers get up early ?　　　　[　　　]
　　　　　　　　　　起きる　　早く

(4) Do you and your sister swim fast ?　　[　　　]
　　　　　　　　　　　　　　速く

　　ア Yes, we do.　　イ Yes, they are.

　　ウ Yes, they do.　　エ Yes, we are.

-23-

**1** 次の日本文に合うように，適切な語を書きなさい。(6点 × 3)

(1) 彼らはときどきわたしたちを手伝います。

　　　　　　　　 sometimes help 　　　　　　　　 .

(2) わたしの兄はあなたたちをよく知っています。

　　　　　　　　 brother knows 　　　　　　　　 well.

(3) わたしたちは自分たちの部屋を掃除します。

　　　　　　　　 clean 　　　　　　　　 room.

**2** 適切な語を下から選んで書きなさい。ただし，同じ語を何度使ってもよい。(8点 × 8)

(1) I know him.  He knows 　　　　　　　　, too.
〜もまた

(2) This is Kenji.  I always play soccer with 　　　　　　　　 .

(3) Is this 　　　　　　　　 school ? —— Yes.  It's our school.

(4) Sara lives in America.  I often send e-mail to 　　　　　　　　 .
送る　Eメール

(5) Tom and Emily are my friends.  I sometimes call 　　　　　　　　 .

(6) I have two brothers.  　　　　　　　　 names are Koji and Yuta.

(7) I have a bike.  　　　　　　　　 color is red.
色　　赤

(8) We like soccer.  We play 　　　　　　　　 every day.

〔 my,  me,  you,  your,  his,  him,  her,  it,  its,  them,  their 〕

**3** 次の英文を日本語に直しなさい。(9点 × 2)

(1) Your mother makes breakfast for you.

[ 　　　　　　　　　　　　　　　　　　　　　　　　　 ]

(2) I don't know her well.

[ 　　　　　　　　　　　　　　　　　　　　　　　　　 ]

# まとめテスト④

**1** 次の英文の（ ）内から適切な語を○で囲みなさい。(5点×6)

(1) ( Let's, Don't, Be ) go shopping. —— Yes, let's.
買い物に行く

(2) That boy is Shota. Do you know ( his, him, her )?

(3) I love my parents. They love ( me, my, our ), too.
両親

(4) I have a cat. ( Its, It's, Their ) eyes are blue.

(5) ( Our, We, Us ) teacher is very tall.

(6) Math is not easy. But I like ( it, them, its ) very much.
簡単な

**2** 次の日本文に合うように，適切な語を書きなさい。(8点×5)

(1) 彼女の言うことを聞いてください。

................................ to ............................., ............................ .

(2) 遅れてはいけません。 ................................ ................................ late.

(3) 彼らは数学が好きではありません。

................................ ............................ like math.

(4) あなたたちは彼らの友だちですか。

Are ................................ ............................ friends ?

(5) あなたたちの先生は彼女らを知っていますか。

................................ ............................ teacher know ............................ ?

**3** 次の英文を（ ）内の指示に従って書きかえなさい。(10点×3)

(1) <u>I</u> read a book after dinner. （下線部をMy sisterにかえて）

................................................................................................................

(2) Keiko has a big bag. （否定文に）

................................................................................................................

(3) John studies <u>Japanese</u> hard. （下線部をたずねる文に）

................................................................................................................

# これはだれの〜ですか。
## Whose ~ is this ?

**1** 次の日本文に合うように，適切な語を書きなさい。(8点×8)

(1) これはだれのいすですか。

................................ ................................ is this ?

(2) それはわたしのです。((1)の答え)　　................................ ................................ .

(3) あれはだれの家ですか。

................................ ................................ is that ?

(4) それは彼のです。((3)の答え)　　................................ ................................ .

(5) このボールはだれのものですか。

................................ is this ................................ ?

(6) それはわたしたちのです。((5)の答え)　It's ................................ .

(7) これらのラケットは彼らのものです。

These rackets are ................................ .

(8) そのカメラはあなたたちのものですか。

Is the camera ................................ ?

**2** 次の対話文の(　)内から，適切な語を〇で囲みなさい。(8点×2)

(1) *A* : Whose books are these ?

　　*B* : They are ( she,　her,　hers ).

(2) *A* : Is this your bike ?

　　*B* : Yes, it is. It is ( my,　mine,　yours ).

**3** 次の英文を日本語に直しなさい。(10点×2)

(1) Whose car is that ? ―― It's Ken's father's.

　　[ 　　　　　　　　　　　　　 ] [ 　　　　　　　　 ]

(2) Whose is this new guitar ? ―― It's Kanako's.

　　[ 　　　　　　　　　　　　　 ] [ 　　　　　　　　 ]

**1** 次の日本文に合うように，適切な語を書きなさい。(8点×6)

(1) わたしのぼうしはどこですか。

........................ ........................ my hat ?

(2) いすの上です。((1)の答え) It's ........................ the chair.

(3) あなたはどこでピアノを練習しますか。

........................ ........................ you practice the piano ?
練習する

(4) 家です。((3)の答え)

I ........................ it ........................ home.

(5) タロウはどこに住んでいますか。

........................ ........................ Taro live ?

(6) 東京です。((5)の答え)

He ........................ ........................ Tokyo.

**2** 適切な語を入れて，対話文を完成しなさい。(10点×3)

(1) A : ........................ my bag ?

B : It's under the desk.
〜の下に

(2) A : ........................ ........................ you go every Saturday ?

B : I go to Takeshi's house.

(3) A : ........................ ........................ Kumi's dogs ?

B : They are by the door.
〜のそばに

**3** 次の英文を，下線部をたずねる文に書きかえなさい。(11点×2)

(1) Emi's book is <u>on the desk</u>.

........................................................................................

(2) The boy plays soccer <u>in the stadium</u>.
スタジアム

........................................................................................

# 28 ～月～日, ～曜日に, ～時に
## My birthday is October 10.

**1** 例にならい,「わたしの誕生日は～月～日です」という英文を書きなさい。

(例)「6月3日」　　My birthday is June the third. 　　(8点×2)

(1)「7月2日」　　My birthday is ................................ the ................................ .

(2)「3月1日」　　My birthday is ................................ the ................................ .

**2** 次の日本文に合うように, 適切な語を書きなさい。(8点×4)

(1) 今日は12月5日です。

............................. is ............................. the ............................. today.

(2) カナダでは学校は9月に始まります。

School starts ................................ ................................ in Canada.

(3) エミは水曜日にピアノのレッスンがあります。

Emi has a piano lesson ................................ ................................ .

(4) 生徒たちは正午に昼食を食べます。
　　　　　　　　　レッスン

The students have lunch ................................ ................................ .

**3** 次の英文を日本語に直しなさい。(12点×2)

(1) My mother gets home at about seven thirty.
　　　　　　　　　　帰宅する

[　　　　　　　　　　　　　　　　　　　　　　　　　　　　　]

(2) We have a lot of snow in February in Hokkaido.

[　　　　　　　　　　　　　　　　　　　　　　　　　　　　　]

**4** 次の日本文を英語に直しなさい。ただし, 数字も英語で書くこと。

(1) アヤカは6時45分に起きます。 　　(14点×2)

......................................................................................................................

(2) ケンは日曜日は11時に寝ます。

.......................................................................................... Sunday.

29 いつ〜しますか。／〜はいつですか。
When do you go to the library ?

合格点 80点
得点 点

解答 ➡ P.69

**1** 次の日本文に合うように，適切な語を書きなさい。(10点×3)

(1) あなたのお母さんの誕生日はいつですか。—— 11月30日です。

.................... .................... your mother's birthday ?

—— It's .................... 30.

(2) あなたはいつ本を読みますか。—— わたしは夜に読みます。

.................... .................... you read books ?

—— I read them at .................... .

(3) ヨシキはいつサッカーを練習しますか。—— 彼は放課後練習します。

.................... .................... Yoshiki practice soccer ?

—— He practices it .................... school.

**2** 適切な語を入れて，対話文を完成しなさい。(10点×4)

(1) *A* : When do you dance ?

*B* : I dance .................... Saturdays.

(2) *A* : When do those boys swim ?

*B* : .................... swim .................... summer.

(3) *A* : When do you play volleyball ?
      バレーボール

*B* : I .................... it .................... the evening.

(4) *A* : When does your father go to Okinawa ?
                                        夕方

*B* : He .................... there .................... August.

**3** 次の英文を，下線部をたずねる文に書きかえなさい。(15点×2)

(1) The school festival is <u>on November 3</u>.
       文化祭

.......................................................................................

(2) Ken watches TV <u>before dinner</u>.

.......................................................................................

# 30 何時ですか。

## What time is it ?

**1** 次の日本文に合うように，適切な語を書きなさい。(10点 × 4)

(1) 今，何時ですか。

＿＿＿＿＿＿ ＿＿＿＿＿＿ is ＿＿＿＿＿ now ?

(2) 午後 7 時45分です。((1)の答え)

＿＿＿＿＿ seven forty-five ＿＿＿＿＿ the afternoon.

(3) あなたは何時に学校から帰宅しますか。

＿＿＿＿＿ ＿＿＿＿＿ do you get home from school ?

(4) わたしは 5 時ごろ帰宅します。((3)の答え)

I get home at ＿＿＿＿＿ five ＿＿＿＿＿ .

**2** 適切な語を入れて，対話文を完成しなさい。(12点 × 2)

(1) A : ＿＿＿＿＿ ＿＿＿＿＿ is it now in New York ?

B : ＿＿＿＿＿ nine o'clock in the morning.

(2) A : ＿＿＿＿＿ ＿＿＿＿＿ does your school start ?

B : It starts ＿＿＿＿＿ eight twenty.

**3** 次の英文を，下線部をたずねる文に書きかえなさい。(12点 × 2)

(1) It's three o'clock now in Sydney.
シドニー

＿＿＿＿＿＿＿＿＿＿＿＿＿＿＿＿＿＿＿＿＿＿＿＿＿＿＿

(2) Ken gets up at eight on Sundays.

＿＿＿＿＿＿＿＿＿＿＿＿＿＿＿＿＿＿＿＿＿＿＿＿＿＿＿

**4** 次の日本文に合うように，( )内の語を並べかえなさい。(12点)

あなたのお父さんはたいてい何時に家を出発しますか。

( usually, father, what, leave, does, your, time, home )?
　　　たいてい　　　　　　　　　出発する

＿＿＿＿＿＿＿＿＿＿＿＿＿＿＿＿＿＿＿＿＿＿＿＿＿ ?

# この花はきれいです。
## This flower is beautiful.

**1** 次の日本文に合うように，適切な語を書きなさい。(10点×3)

(1) わたしの家は新しい。　My house is ............................. .

(2) これはわたしの大好きな歌です。

This is my ............................. ............................. .

(3) あなたのねこは大きい。　Your cat ............................. ............................. .

**2** 次の英文を日本語に直しなさい。(10点×3)

(1) Your aunt is young.

[　　　　　　　　　　　　　　　　　　　　　]

(2) Our soccer team is popular.
チーム

[　　　　　　　　　　　　　　　　　　　　　]

(3) Is this an interesting book ?

[　　　　　　　　　　　　　　　　　　　　　]

**3** 次の2文がほぼ同じ内容を表すように,適切な語を書きなさい。(10点×2)

(1) { That bird is beautiful.
　　 That is ............................. ............................. bird.

(2) { Ken has a nice bike.
　　 Ken's bike ............................. ............................. .

**4** 次の日本文に合うように，(　)内の語を並べかえなさい。(10点×2)

(1) この腕時計は古くありません。　( this, isn't, old, watch ).

.............................................................................................. .

(2) わたしのカメラはとても小さい。　( small, camera, very, my, is ).

.............................................................................................. .

**1** 次の英文の（　）内から適切な語句を○で囲みなさい。(5点×4)

(1) This is Aya's bag. That bag is ( her,　hers ), too.

(2) Are those your balls ? —— Yes. They're ( our,　ours,　us ).

(3) ( Who,　Whose ) camera is that ? —— It's my mother's.

(4) ( Where,　What time ) do you get home ? —— I get home at six.

**2** 適切な語を入れて，対話文を完成しなさい。(10点×3)

(1) *A* : ............................. ............................ Emily ?

　　*B* : She is in the kitchen.
　　　　　　　　台所

(2) *A* : ............................. ............................ is ........................... now in Tokyo ?

　　*B* : It's eight ........................... the morning.

(3) *A* : ........................... does Paul see a movie ?

　　*B* : He sees it ........................... Sundays.

**3** 次の日本文に合うように，適切な語を書きなさい。(10点×3)

(1) わたしの誕生日は1月9日です。

　　My birthday is ........................... the ........................... .

(2) この古いピアノは彼のものです。

　　This ........................... piano is ........................... .

(3) このケーキはわたしのものですか，それともあなたのものですか。

　　Is this cake ........................... or ........................... ?

**4** 次の2文がほぼ同じ内容を表すように,適切な語を書きなさい。(10点×2)

(1) {　Mary sings songs very well.
　　{　Mary is a very ............................. ............................. .

(2) {　This is their new house.
　　{　This ........................... house is ........................... .

# ～しているところです。

## I am studying now.

合格点 **80** 点

得 点 点

解答 ➡ P.70

**1** 次の日本文に合うように，適切な語を書きなさい。(10点 × 3)

(1) わたしは今，DVDを見ているところです。

I ＿＿＿＿＿ ＿＿＿＿＿ a DVD now.

(2) わたしたちは本を読んでいるところです。

We ＿＿＿＿＿ ＿＿＿＿＿ books.

(3) わたしの妹は日本の歴史を勉強しているところです。

My sister ＿＿＿＿＿ ＿＿＿＿＿ Japanese history.
<br>歴史

**2** 次の英文の( )内から適切な語句を〇で囲みなさい。(8点 × 2)

(1) John ( run, is runs, is running ) now.

(2) Sally and Jim ( is swimming, are swimming, swimming ) now.

**3** 次の英文の( )内の語を適切な形にかえて，完成した英文を日本語に直しなさい。(14点 × 2)

(1) They are ( make ) a cake now. ＿＿＿＿＿

[ ]

(2) A bird is ( fly ) in the sky. ＿＿＿＿＿
<br>飛ぶ 空

[ ]

**4** 次の日本文に合うように，( )内の語句を並べかえなさい。(13点 × 2)

(1) エミは壁にかかっている絵を見ているところです。

( looking, Emi, a picture, at, is ) on the wall.

＿＿＿＿＿ on the wall.

(2) わたしは今，宿題をしているところです。

( my, am, I, doing, homework ) now.

＿＿＿＿＿ now.

# ～しているところですか。

## Are you listening to music ?

**1** 次の疑問文に対する応答文として適切なものを下から選びなさい。

(1) Are you helping your father ?　　　[　　　]　　　(8点 × 3)

(2) Is Mr. White cooking lunch ?　　　[　　　]

(3) Is your mother washing dishes ?　　[　　　]

　ア Yes, she is.　　　イ Yes, he does.　　ウ Yes, you are.

　エ No, she doesn't.　　オ No, I'm not.　　カ No, he isn't.

**2** 次の日本文に合うように，適切な語を書きなさい。(8点 × 3)

(1) 彼らは今，泳いでいますか。

　　................................ they ...................... now ?

(2) わたしは中国語を勉強しているところではありません。

　　........................ not ...................... Chinese.

(3) ミキは公園の中を走っているところではありません。
中国語

　Miki ................................ ...................... in the park.

> 現在進行形の疑問文・否定文の作り方は，be動詞の疑問文・否定文と同じだよ。

**3** 次の英文を（　）内の指示に従って書きかえなさい。(10点 × 2)

(1) We are cleaning our classroom. （否定文に）

.................................................................................

(2) Mike is teaching math now. （疑問文に）

.................................................................................

**4** 次の日本文を英語に直しなさい。(16点 × 2)

(1) 彼らは今，眠っていますか。

........................................................... now ?

(2) トム(Tom)は今，コンピュータを使っていません。

........................................................... now.

# 35 何をしているところですか。
## What are you doing now ?

**1** 次の日本文に合うように，適切な語を書きなさい。(7点×4)

(1) あなたは何を書いているところですか。

.......................... are you .......................... ?

(2) 彼らは今，どこで勉強していますか。

.......................... are they .......................... now ?

(3) ジムは今，だれの自動車を運転していますか。

.......................... car .......................... Jim driving now ?

(4) だれが今，新聞を読んでいますか。

.......................... .......................... reading a newspaper now ?

**2** 適切な語を入れて，対話文を完成しなさい。(10点×3)

(1) *A* : .......................... are you doing here ?

*B* : We .......................... playing soccer.

(2) *A* : .......................... are the students going ?

*B* : They .......................... .......................... to the museum.

(3) *A* : .......................... is making lunch ?

*B* : Yuki and Kenta .......................... .

**3** 次の日本文を英語に直しなさい。(14点×3)

(1) あなたのお父さんは今，何をしていますか。

.................................................................................

(2) だれが今，ピアノを弾いていますか。

.................................................................................

(3) 彼らは今，どこでテレビを見ていますか。

.................................................................................

# 36 ～できます。

I can play tennis.

**1** 次の日本文に合うように，適切な語を書きなさい。(9点 × 3)

(1) わたしの父はすしを作ることができます。

My father ＿＿＿＿＿＿＿＿ ＿＿＿＿＿＿＿＿ sushi.

(2) その少年は速く泳ぐことができます。

The boy ＿＿＿＿＿＿＿＿ ＿＿＿＿＿＿＿＿ fast.

(3) わたしは英語で手紙を書くことができます。

I ＿＿＿＿＿＿＿＿ ＿＿＿＿＿＿＿＿ letters in English.

**2** 次の英文を「～ができます」という文に書きかえなさい。(13点 × 2)

(1) You see Mt. Fuji from here.
ここから

＿＿＿＿＿＿＿＿＿＿＿＿＿＿＿＿＿＿＿＿＿＿＿＿＿＿＿＿＿＿＿＿

(2) Emily teaches music.

＿＿＿＿＿＿＿＿＿＿＿＿＿＿＿＿＿＿＿＿＿＿＿＿＿＿＿＿＿＿＿＿

**3** 次の日本文を英語に直しなさい。(16点 × 2)

(1) ジム(Jim)はその歌を歌うことができます。

＿＿＿＿＿＿＿＿＿＿＿＿＿＿＿＿＿＿＿＿＿＿＿＿＿＿＿＿＿＿＿＿

(2) あなたのお姉さんはフルートを上手に演奏することができます。

＿＿＿＿＿＿＿＿＿＿＿＿＿＿＿＿＿＿＿＿＿＿＿＿＿＿＿＿＿＿＿＿

**4** 次の日本文に合うように，（　）内の語を並べかえなさい。ただし，不要な語が1語含まれています。(15点)

メグは中国語を少し話すことができます。

( speaks,　Chinese,　a,　can,　Meg,　speak,　little ).

＿＿＿＿＿＿＿＿＿＿＿＿＿＿＿＿＿＿＿＿＿＿＿＿＿＿＿＿＿＿＿＿ .

# ～できますか。

## Can you run fast ?

**1** 次の英文を（ ）内の指示に従って書きかえなさい。(10点 × 2)

(1) You can drive a car.　（疑問文に）

..................................................................................................................................

(2) Mike can write Japanese.　（否定文に）

..................................................................................................................................

**2** 次の日本文に合うように，適切な語を書きなさい。(10点 × 5)

(1) あなたは海で泳ぐことができますか。

........................ you ........................ in the sea ?

(2) はい，できます。((1)の答え)　Yes, ........................ ........................ .

(3) メアリーはフランス語を話すことができますか。

........................ Mary ........................ French ?

(4) いいえ，できません。((3)の答え)　No, ........................ ........................ .

(5) この馬は速く走ることができません。

This horse ........................ ........................ fast.

**3** 次の日本文に合うように，（ ）内の語を並べかえなさい。(15点 × 2)

(1) あなたのお姉さんはバイオリンを弾くことができますか。

( play,　your,　the,　can,　sister,　violin )?

.............................................................................................................. ?

(2) 彼は今日，図書館に行くことができません。

( the,　to,　go,　library,　he,　cannot ) today.

.............................................................................................. today.

# 38

## どこで〜できますか。
### Where can I get a map ?

| 合格点 | 80点 |
|---|---|
| 得点 | 点 |

解答 ➡ P.71

**1** 次の日本文に合うように，適切な語を書きなさい。(10点×3)

(1) わたしたちはあなたのために何をすることができますか。

．．．．．．．．．．．．．．．．． can we ．．．．．．．．．．．．．．．．． for you ?
<sub>〜のために</sub>

(2) 彼らは何時にここに来ることができますか。

．．．．．．．．．．．．．．．．． can they ．．．．．．．．．．．．．．．． here ?

(3) わたしはどこでチケットを買うことができますか。

．．．．．．．．．．．．． can I ．．．．．．．．．．．．．． a ticket ?
<sub>チケット</sub>

**2** 適切な語を入れて，対話文を完成しなさい。(10点×4)

(1) A : ．．．．．．．．．．．．．．．．．．． ．．．．．．．．．．．．．．．．．．． I get to the station ?
<sub>〜に着く</sub>

　 B : You can get there by bus.

(2) A : ．．．．．．．．．．．．．．．．．．． ．．．．．．．．．．．．．．．．． languages can you speak ?

　 B : I ．．．．．．．．．．．．．． speak two.

(3) A : ．．．．．．．．．．．．．．．．．．．．．．．．．．．．．． the students use computers ?

　 B : They can use them after school.

(4) A : ．．．．．．．．．．．．．．．．． can open this box ?

　 B : John ．．．．．．．．．．．．．．．． .

**3** 次の日本文に合うように，( )内の語を並べかえなさい。(15点×2)

(1) わたしたちはどこで野球をすることができますか。

( play, where, baseball, can, we )?

．．．．．．．．．．．．．．．．．．．．．．．．．．．．．．．．．．．．．．．．．．．．．．．．．．．．．．．．．．．．．．．．．．．．．．．．．． ?

(2) あなたのお父さんは何を料理することができますか。

( your, cook, what, father, can )?

．．．．．．．．．．．．．．．．．．．．．．．．．．．．．．．．．．．．．．．．．．．．．．．．．．．．．．．．．．．．．．．．．．．．．．．．．． ?

# 39 ～してもいいですか。／～してくれませんか。

## Can I open the window ? / Can you call me tomorrow ?

合格点 **80** 点

得 点　　　　点

**1** 次の日本文に合うように，適切な語を書きなさい。(8点×6)

(1) 午後2時に，わたしの家に来てくれませんか。

Can ＿＿＿＿＿＿ ＿＿＿＿＿＿ to my house at 2 p.m. ?

(2) すみません。できません。((1)の答え)

I'm ＿＿＿＿＿ . I ＿＿＿＿＿ .

(3) 窓を閉めてもいいですか。

Can ＿＿＿＿＿＿ ＿＿＿＿＿＿ the window ?

(4) ええ，もちろん。((3)の答え)　Yes, of ＿＿＿＿＿ .

(5) エリカに電話してくれませんか。

＿＿＿＿＿＿ ＿＿＿＿＿＿ call Erika ?

(6) わかりました。((5)の答え)　All ＿＿＿＿＿ .

**2** 適切な語を入れて，対話文を完成しなさい。(11点×2)

(1) A : ＿＿＿＿＿＿ ＿＿＿＿＿＿ help me ?

　　B : Sorry, but I can't. I'm busy now.

(2) A : ＿＿＿＿＿＿ ＿＿＿＿＿＿ take a picture here ?

　　B : Sure.

**3** 次の日本文に合うように，( )内の語を並べかえなさい。(15点×2)

(1) この自転車を使ってもいいですか。　( this, use, I, bike, can )?

＿＿＿＿＿＿＿＿＿＿＿＿＿＿＿＿＿ ?

(2) ドアを開けてくれませんか。　( open, can, door, you, the )?

＿＿＿＿＿＿＿＿＿＿＿＿＿＿＿＿＿ ?

**1** 次の英文の（　）内から適切な語を○で囲みなさい。（7点×5）

(1) John can ( play, plays, playing ) the guitar well.

(2) ( Is, Are, Can ) you ride a bike ?

(3) The students ( am, is, are ) swimming in the sea.

(4) ( Does, Is, Can ) Yuki listening to music ?

(5) Can you speak Spanish ? —— Yes, I ( am, do, can ).

**2** 適語を入れて，対話文を完成しなさい。（8点×4）

(1) *A* : ........................ ........................ your sister reading now ?

  *B* : She's reading *Harry Potter*.

(2) *A* : Who can cook Japanese food in your class ?

  *B* : Emily ........................ .

(3) *A* : Is Bob studying in his room now ?

  *B* : ........................, he ........................ . He's sleeping now.

(4) *A* : I'm very hungry now. Can ........................ eat this apple ?
空腹の

  *B* : Yes, of course.

**3** 次の日本文に合うように，（　）内の語句を並べかえなさい。（11点×3）

(1) あなたは今，何をしていますか。　( doing, are, what, you ) now ?

........................................................................................ now ?

(2) わたしたちは今，カレーを作っているところではありません。

( are, curry, not, we, making ) now.

........................................................................................ now.

(3) あなたたちは冬にその山に登ることはできません。

( climb, in, the mountain, you, winter, cannot ).
登る

........................................................................................ .

# テニスをしました。
## I played tennis.

**1** 次の英文の( )内の語を，適切な形にかえなさい。(8点×5)

(1) He ( play ) tennis yesterday.

..............................

(2) I ( watch ) TV last night.
昨日 昨夜

..............................

(3) Tom ( study ) Japanese last Saturday.

..............................

(4) They ( live ) in Osaka last year.

..............................

(5) Mr. Smith ( visit ) Tokyo last month.
昨年

..............................

**2** 次の日本文に合うように，適切な語を書きなさい。(8点×3)

(1) わたしは昨日，音楽を聞きました。

I .......................... to music yesterday.

(2) わたしたちはこの前の春にシンガポールに滞在しました。

We .......................... in Singapore last spring.
シンガポール

(3) 黒い自動車が今朝，わたしの家の近くに止まりました。

A black car .......................... near my house this morning.
今朝

**3** 次の日本文に合うように，( )内の語句を並べかえなさい。(12点×3)

(1) 生徒たちは昨日の放課後，バスケットボールを楽しみました。

( school, enjoyed, the, after, students, basketball ) yesterday.

.................................................................................................. yesterday.

(2) ジムは先週，その箱を運びました。

Jim ( last, week, carried, the box ).

Jim .................................................................................................. .

(3) エミは3日前，あなたの自転車を使いました。

Emi ( bike, ago, used, three, your, days ).

Emi .................................................................................................. .

# 42 京都に行きました。

## We went to Kyoto.

**1** 次の英文の( )内から適切な語句を〇で囲みなさい。(7点×6)

(1) I ( go,　went,　goes ) to China last year.

(2) You ( speak,　spoke,　are speaking ) English well last Sunday.

(3) He ( come,　comes,　came ) to my house an hour ago.

(4) Jane ( is writing,　writes,　wrote ) a letter last night.

(5) She ( know,　knew,　is knowing ) those boys well.

(6) We ( take,　takes,　took ) a lot of pictures yesterday.

**2** 次の日本文に合うように，適切な語を書きなさい。(7点×4)

(1) ユキのお父さんは大きな車を持っていました。

Yuki's father ........................... a big car.

(2) わたしたちは美しい山を見ました。

We ........................... a beautiful mountain.

不規則に変化する
動詞の過去形は
原形とセットで
覚えよう。

(3) わたしは昨日，トムからの手紙を読みました。

I ........................... a letter from Tom yesterday.

(4) わたしのおじは2日前，新しいコンピュータを買いました。

My uncle ........................... a new computer two days ago.

**3** 次の英文の文末に( )内の語句を加えて過去の文に書きかえなさい。

(1) I run in the park. ( two hours ago )

(10点×3)

........................................................................................

(2) Jim gets up early. ( yesterday morning )

........................................................................................

(3) My sister makes a cake. ( last week )

........................................................................................

# ～しましたか。
## Did you watch TV ?

**1** 次の英文を(  )内の指示に従って書きかえなさい。(12点 × 2)

(1) She had a white dress.　(疑問文に)
ドレス

...................................................................................................

(2) Haruka knew your house.　(否定文に)

...................................................................................................

**2** 次の日本文に合うように，適切な語を書きなさい。(8点 × 3)

(1) あなたは昨夜，ケンに電話しましたか。

..................... you ..................... Ken last night ?

(2) はい，しました。((1)の答え)　Yes, ..................... ..................... .

(3) わたしは昨夜，窓を閉めませんでした。

I ..................... ..................... the window last night.

**3** 適切な語を入れて，対話文を完成しなさい。(10点 × 2)

(1) A : ..................... Hiromi go to Osaka last Saturday ?

B : No, she ..................... . She ..................... to Kyoto.

(2) A : ..................... Bob make this chair yesterday ?

B : No, he ..................... . Jim ..................... it last Sunday.

**4** 次の日本文に合うように，(  )内の語を並べかえなさい。(16点 × 2)

(1) あなたは昨日，英語を勉強しましたか。

( did,　English,　yesterday,　you,　study )?

.......................................................................................... ?

(2) トムは今朝，朝食を食べませんでした。

Tom ( this,　breakfast,　not,　eat,　morning,　did ).

Tom ..................................................................................... .

## 44 いつ〜しましたか。
### When did you buy the camera ?

**1** 次の日本文に合うように，適切な語を書きなさい。(8点×3)

(1) あなたはこの前の日曜日，何をしましたか。

.................................... you .................... last Sunday ?

(2) ユリはどこでそのねこを見ましたか。

.................................... Yuri .................... the cat ?

(3) だれが今朝，朝食を作りましたか。

.................................... .................... breakfast this morning ?


**2** 適切な語を入れて，対話文を完成しなさい。(11点×4)

(1) *A* : .................... .................... did you come home yesterday ?

*B* : I .................... home at six thirty.

(2) *A* : .................... .................... Mike write this letter ?

*B* : He .................... it last year.

(3) *A* : .................... .................... you live five years ago ?

*B* : We .................... .................... Yokohama.

(4) *A* : .................... subject did you study last night ?

*B* : I .................... science.


**3** 次の日本文に合うように，( )内の語句を並べかえなさい。(16点×2)

(1) あなたは昨日，ノートを何冊買いましたか。

( yesterday, many, you, notebooks, did, buy, how )?

.................................................................................... ?

(2) タカシはどうやってブラウンさんの家に行ったのですか。

( Mr. Brown's, Takashi, house, did, how, go, to )?

.................................................................................... ?

## 45 ～でした。

### My father was a soccer player.

**1** 次の英文の( )内から適切な語を〇で囲みなさい。(7点×4)

(1) I ( was, were ) thirteen years old ten years ago.

(2) You ( was, were ) tired yesterday.

(3) John ( was, were ) sick two weeks ago.
　　　　　　　　　　　　　　病気で

(4) Bob and I ( was, were ) classmates last year.

**2** 次の日本文に合うように，適切な語を書きなさい。(9点×3)

(1) わたしの祖父は教師でした。

　　My grandfather ＿＿＿＿＿ ＿＿＿＿＿ teacher.

(2) そのテニスの試合はとてもわくわくしました。

　　The tennis games ＿＿＿＿＿ ＿＿＿＿＿ exciting.

(3) 今朝は寒かった。

　　＿＿＿＿＿ ＿＿＿＿＿ cold this morning.

**3** 次の日本文に合うように，( )内の語句を並べかえなさい。ただし，不要な語が1語ずつ含まれています。(15点×3)

(1) わたしたちは昨日の夜，幸せでした。

　　We ( evening, happy, were, yesterday, was ).

　　We ＿＿＿＿＿＿＿＿＿＿＿＿＿ .

(2) 彼らは去年，同じクラスでした。

　　They ( year, the same class, are, last, in, were ).

　　They ＿＿＿＿＿＿＿＿＿＿＿＿＿ .

(3) スミス先生は1時間前，図書館にいました。

　　Ms. Smith ( were, hour, library, ago, the, an, in, was ).

　　Ms. Smith ＿＿＿＿＿＿＿＿＿＿＿＿＿ .

# 46 ～でしたか。

## Were you sick ?

**1** 次の英文を（　）内の指示に従って書きかえなさい。(12点 × 2)

(1) I was busy yesterday. （否定文に）

.................................................................................................................................

(2) The players were very tired. （疑問文に）

.................................................................................................................................

**2** 次の日本文に合うように，適切な語を書きなさい。(8点 × 3)

(1) あなたは昨日，幸せでしたか。

.......................... .......................... happy yesterday ?

(2) はい，幸せでした。((1)の答え)　Yes, .......................... .......................... .

(3) その映画はおもしろくありませんでした。

The movie .......................... .......................... interesting.

**3** 適切な語を入れて，対話文を完成しなさい。(10点 × 2)

(1) A : .......................... Mr. Tanaka in Osaka last month ?

B : No, .......................... .

(2) A : .......................... you and Bob classmates last year ?

B : No, .......................... .......................... .

**4** 次の日本文に合うように，（　）内の語句を並べかえなさい。(16点 × 2)

(1) その絵はあまり美しくありませんでした。

( not, beautiful, very, the pictures, were ).

................................................................................................................. .

(2) あなたは昨日，家にいましたか。

( were, at, yesterday, you, home )?

................................................................................................................. ?

# ～はどうでしたか。
## How was the weather yesterday?

**1** 次の英文を，下線部をたずねる文に書きかえなさい。(12点×2)

(1) Tom's textbooks were <u>on the desk</u>.

.......................................................................................................................................

(2) The bag was <u>5,000 yen</u>.

.......................................................................................................................................


**2** 次の日本文に合うように，適切な語を書きなさい。(8点×2)

(1) 東京の天気は昨日，どうでしたか。

.......................... .......................... the weather in Tokyo yesterday?
　　　　　　　　　　　　　　　　　　天気

(2) そのとき何時でしたか。

.......................... .......................................... .......................... it then?


**3** 適切な語を入れて，対話文を完成しなさい。(10点×3)

(1) A: .......................... .......................... you?

　　B: I was in the gym.
　　　　　　　　　　体育館

(2) A: .......................... .......................... were you five years ago?

　　B: I .......................... twenty years old.

(3) A: .......................... was good at swimming in your class?

　　B: Kenta .......................... .


**4** 次の日本文に合うように，( )内の語を並べかえなさい。(15点×2)

(1) その考えはどうでしたか。　( were, the, how, ideas )?

..................................................................................................................... ?

(2) 当時は何が問題でしたか。

( the, what, was, problem ) at that time?

..................................................................................... at that time?

# ～しているところでした。
## I was cooking in the kitchen.

**1** 次の英文を,（　）内の動詞を使って過去進行形の文にしなさい。(8点×5)

(1) I ＿＿＿＿＿＿ ＿＿＿＿＿ pictures. （take）

(2) Tom ＿＿＿＿＿＿＿＿＿ in the library. （study）

(3) You ＿＿＿＿＿＿＿ a computer. （use）

(4) We ＿＿＿＿＿＿＿ on the street. （walk）

(5) My mother ＿＿＿＿＿＿＿＿ a cake. （cut）

**2** 次の日本文に合うように, 適切な語を書きなさい。(8点×3)

(1) トムはそのとき昼食を食べていました。

Tom ＿＿＿＿＿＿＿＿ lunch then.

(2) 何人かの学生がここで本を読んでいました。

Some students ＿＿＿＿＿＿＿＿ books here.

(3) その赤ちゃんはそのとき眠っていました。

The baby ＿＿＿＿＿＿＿＿ at that time.

**3** 次の日本文に合うように,（　）内の語句を並べかえなさい。(12点×3)

(1) わたしたちはそのとき海で泳いでいました。

We ( sea, swimming, the, then, in, were ).

We ＿＿＿＿＿＿＿＿＿＿ .

(2) わたしの兄はテレビでサッカーの試合を見ていました。

( watching, soccer, the, on TV, was, my brother, game ).

＿＿＿＿＿＿＿＿＿＿ .

(3) エミは自分の部屋で宿題をしていました。

( her, her, in, doing, Emi, was, room, homework ).

＿＿＿＿＿＿＿＿＿＿ .

**1** 次の英文を( )内の指示に従って書きかえなさい。(12点 × 2)

(1) We were talking with Mr. Smith. （否定文に）

.................................................................................................................................

(2) Bob was taking a bath at that time. （疑問文に）

.................................................................................................................................

**2** 次の日本文に合うように，適切な語を書きなさい。(8点 × 3)

(1) あなたは宿題をしていましたか。

........................... you ........................... your homework ?

(2) はい，していました。((1)の答え)　Yes, ........................... ........................... .

(3) ジョンはそのときテレビゲームをしていませんでした。

John ........................... ........................... video games then.

**3** 適切な語を入れて，対話文を完成しなさい。(10点 × 2)

(1) A : Was the man sitting on the sofa ?
　　　　　　　　　　　　　　ソファー
　　B : Yes, ........................... ........................... .

(2) A : Were Jim and Tom listening to music ?

　　B : No, ........................... ........................... .

**4** 次の日本文に合うように，( )内の語を並べかえなさい。(16点 × 2)

(1) 彼らは教室で昼食を食べていませんでした。

（lunch, not, they, having, were）in the classroom.

........................................................................................ in the classroom.

(2) その少年は昨日の5時に，公園でサッカーをしていましたか。

（in, boy, park, playing, was, soccer, the, the）at five yesterday ?

........................................................................................ at five yesterday ?

# 50 何をしているところでしたか。
## What were you doing?

合格点 80点
得点　　　点
解答 ➡ P.75

**1** 次の日本文に合うように，適切な語を書きなさい。(8点×2)

(1) ナンシーはそのとき何を作っていましたか。

　　.......................... .......................... Nancy making then?

(2) あなたはだれを待っていましたか。

　　.......................... .......................... you waiting for?

**2** 適切な語を入れて，対話文を完成しなさい。(10点×3)

(1) A : .......................... .......................... you studying?

　　B : We were studying in the library.

(2) A : .......................... was singing my favorite song then?

　　B : Andy and Ken .......................... .

(3) A : .......................... .......................... you looking for?

　　B : I was looking for my bike key.

**3** 次の英文を，下線部をたずねる文に書きかえなさい。(12点×2)

(1) Your mother was staying in New York.

　　................................................................................................................

(2) They were reading an e-mail from Andy.

　　................................................................................................................

**4** 次の日本文に合うように，( )内の語を並べかえなさい。(15点×2)

(1) アキはどこを歩いていましたか。　( was, where, walking, Aki )?

　　..............................................................................................................?

(2) あなたたちは今朝，何をしていましたか。

　　( doing, were, morning, what, you, this )?

　　..............................................................................................................?

# まとめテスト ⑦

**1** 次の英文の( )内から適切な語を〇で囲みなさい。(7点×4)

(1) I didn't ( go, going, went ) to Hokkaido last year.

(2) Jun ( read, reads, reading ) a book yesterday evening.

(3) My cats ( are, was, were ) under the table an hour ago.

(4) Who ( did, was, were ) your parents waiting for ?

**2** 次の疑問文に対する応答文として適切なものを下から選びなさい。

(1) Were you cleaning your room ?　[　　]　　　　(10点×3)

(2) Was your father busy this week ?　[　　]

(3) What did you do this morning ?　[　　]

　ア Yes, I did.　　イ Yes, he was.　　ウ No, you weren't.

　エ Yes, he is.　　オ No, I wasn't.　　カ I cleaned my room.

**3** 次の日本文に合うように，適切な語を書きなさい。(9点×2)

(1) わたしはそのとき，クミとケーキを作っていました。

　I ................................ ............................. a cake with Kumi then.

(2) 生徒たちはいすに座っていませんでした。

　The students ................................ ............................. on the chairs.

**4** 次の日本文に合うように，( )内の語句を並べかえなさい。(12点×2)

(1) 昨日は雨が降りませんでした。　( was, it, rainy, not ) yesterday.

　.................................................................................... yesterday.

(2) あなたは昨夜，何時に寝ましたか。

　( go, bed, time, you, to, did, what, last night )?

　.................................................................................... ?

# 52 ～するつもりです。①

I'm going to cook dinner tonight.

**1** 次の英文の（　）内から適切な語を○で囲みなさい。(6点×5)

(1) I ( is,　am,　are ) going to ( help,　helped ) Eri tomorrow.

(2) You ( is,　am,　are ) going to ( meet,　met ) Bill today.

(3) Tom ( is,　am,　are ) going to ( buy,　buys ) a car.

(4) We ( is,　am,　are ) going to ( staying,　stay ) in Tokyo.

(5) The boys ( is,　am,　are ) going to ( walk,　walking ) to school.

**2** 次の日本文に合うように，適切な語を書きなさい。(8点×5)

(1) ジムは今日の夕方，夕食を作るつもりです。

Jim ........................... going to ........................... dinner this evening.

(2) 彼女たちは明日，ここへ来るつもりです。

They're ........................... ........................... come here tomorrow.

(3) わたしは来月，京都を訪れるつもりです。

........................... going to ........................... Kyoto next month.

(4) わたしたちは次の日曜日，サッカーをするつもりです。

........................... going to ........................... soccer next Sunday.

(5) 彼は今日，そのカメラを使うつもりです。

........................... ........................... to use the camera today.

**3** 次の日本文に合うように，（　）内の語を並べかえなさい。(15点×2)

(1) 彼らは夕食後に宿題をするつもりです。

They ( going,　dinner,　their,　are,　to,　after,　homework,　do ).

They ........................................................................................ .

(2) リナは来年，カナダに行くつもりです。

Rina ( to,　to,　year,　Canada,　is,　next,　go,　going ).

Rina ........................................................................................ .

# 53 ～するつもりですか。①

Is he going to play soccer ?

**1** 次の英文を（　）内の指示に従って書きかえなさい。(12点 × 2)

(1) Lucy is going to go shopping. （否定文に）

.................................................................................................................................

(2) They are going to have lunch in the park. （疑問文に）

.................................................................................................................................

**2** 次の日本文に合うように，適切な語を書きなさい。(8点 × 3)

(1) あなたのお母さんはケーキを作るつもりですか。

........................... your mother going to ........................... a cake ?

(2) はい，そうです。（(1)の答え）　Yes, ........................... ........................... .

(3) ジャックは明日，父を手伝うつもりはありません。

Jack ........................... going to ........................... his father tomorrow.

**3** 適切な語を入れて，対話文を完成しなさい。(10点 × 2)

(1) A : Are your parents going to come home at nine this evening ?

B : No, ........................... ........................... .

(2) A : ........................... you ........................... to see Jim tomorrow ?

B : No, I'm not. I'm going to see Fred.

**4** 次の日本文に合うように，（　）内の語を並べかえなさい。(16点 × 2)

(1) あなたは今日の午後，自分の部屋を掃除するつもりですか。

( your, you, clean, room, going, are, to ) this afternoon ?

........................................................................................... this afternoon ?

(2) わたしたちは今年の夏，海で泳ぐつもりはありません。

We ( to, in, are, going, sea, the, swim, not ) this summer.

We ........................................................................................... this summer.

# 何をするつもりですか。①

## What are you going to do ?

**1** 次の日本文に合うように，適切な語を書きなさい。(8点×3)

(1) あなたたちはどれくらい日本に滞在するつもりですか。

How long ＿＿＿＿＿＿ ＿＿＿＿＿＿ going to stay in Japan ?

(2) ジャックは明日，どこで勉強するつもりですか。

＿＿＿＿＿＿ is Jack going to ＿＿＿＿＿＿ tomorrow ?

(3) あなたは今夜，どの本を読むつもりですか。

＿＿＿＿＿＿ book ＿＿＿＿＿＿ you going to read tonight ?

**2** 適切な語を入れて，対話文を完成しなさい。(11点×4)

(1) A : ＿＿＿＿＿＿ are the students going to go to the park ?

  B : ＿＿＿＿＿＿ going to go there by bike.

(2) A : ＿＿＿＿＿＿ ＿＿＿＿＿＿ Rie going to take a bath ?

  B : She's going to take a bath after dinner.

(3) A : ＿＿＿＿＿＿ apples are you going to buy ?

  B : I ＿＿＿＿＿＿ going to buy five.

(4) A : ＿＿＿＿＿＿ ＿＿＿＿＿＿ are you going to leave home ?

  B : We're going to ＿＿＿＿＿＿ home at 7 a.m.

**3** 次の日本文に合うように，（　）内の語を並べかえなさい。(16点×2)

(1) あなたは今晩，テレビで何を見るつもりですか。

（ TV, you, watch, on, what, going, are, to ) this evening ?

＿＿＿＿＿＿＿＿＿＿＿＿＿＿＿＿ this evening ?

(2) 今日はだれが昼食を作りますか。

（ lunch, going, make, who, to, is ) today ?

＿＿＿＿＿＿＿＿＿＿＿＿＿＿＿＿ today ?

# 55 ～するつもりです。②

## I will study English.

**1** 次の日本文に合うように，（ ）内から適切な語を○で囲みなさい。

(1) わたしはあとでケンに電話をかけなおすつもりです。 (10点×2)

I will ( call, calling ) Ken back later.

(2) ユリは来月14歳になります。

Yuri will ( is, be ) fourteen years old next month.

**2** 次の日本文に合うように，適切な語を書きなさい。(10点×2)

(1) わたしたちは次の金曜日，祖父母を訪ねるつもりです。

We ........................... ........................... our grandparents next Friday.
祖父母

(2) 明日は雨が降るでしょう。

It ........................... ........................... rainy tomorrow.

**3** 次の２文がほぼ同じ内容を表すように，適切な語を書きなさい。

(1) ⎰ She's going to buy a nice present for Koji. (15点×2)
　 ⎱ She ........................... ........................... a nice present for Koji.

(2) ⎰ I'm going to watch a soccer game tonight.
　 ⎱ ........................... ........................... a soccer game tonight.

**4** 次の日本文に合うように，（ ）内の語を並べかえなさい。(15点×2)

(1) わたしの弟は明日，忙しいでしょう。

( be, brother, will, busy, my ) tomorrow.

........................................................................... tomorrow.

(2) 彼女たちは来週，博物館に行くつもりです。

They ( to, week, the, will, next, go, museum ).

They ........................................................................... .

# 56 ～するつもりですか。②

## Will she come to the party ?

**1** 次の英文を( )内の指示に従って書きかえなさい。(10点 × 2)

(1) I will teach Japanese in China. （否定文に）

...................................................................................................................................

(2) Jenny will wash the dishes today. （疑問文に）

...................................................................................................................................

**2** 次の日本文に合うように，適切な語を書きなさい。(10点 × 3)

(1) あなたは次の日曜日，テニスを練習するつもりですか。

........................... you ........................... tennis next Sunday ?

(2) わたしたちは今週末，買い物に行くつもりはありません。

We will ........................... ........................... shopping this weekend.

(3) シオリは来週，キムラさんに会うつもりはありません。

Shiori ........................................................... Mr. Kimura next week.

**3** 適切な語を入れて，対話文を完成しなさい。(10点 × 2)

(1) *A* : Will your brother swim in the sea next summer ?

*B* : Yes, ........................................................... .

(2) *A* : Will you have dinner at home this evening ?

*B* : No, ........................................................... .

**4** 次の日本文に合うように，( )内の語を並べかえなさい。(15点 × 2)

(1) 明日は晴れるでしょうか。 ( sunny, it, be, will, tomorrow )?

........................................................................................................... ?

(2) 彼らは今日の午後，そのコンピュータを使うつもりはありません。

They ( afternoon, will, computers, use, this, the, not ).

They ........................................................................................................... .

# 何をするつもりですか。②
## What will you buy there ?

**1** 次の英文を，下線部をたずねる文に書きかえなさい。(10点 × 2)

(1) Tom's friend will arrive at the station <u>at six o'clock</u>.

......................................................................................................................

(2) Lucy will clean her room <u>this weekend</u>.

......................................................................................................................

**2** 次の日本文に合うように，適切な語を書きなさい。(10点 × 2)

(1) あなたは次の日曜日，どのかばんを買うつもりですか。

Which bag ......................... you ......................... next Sunday ?

(2) その少年たちは明日，どこでサッカーをするつもりですか。

......................... ......................... the boys play soccer tomorrow ?

**3** 適切な語を入れて，対話文を完成しなさい。(10点 × 3)

(1) *A* : How old will you be next year ?

　 *B* : I ......................... ......................... fourteen years old.

(2) *A* : ......................... will cook breakfast tomorrow ?

　 *B* : Kenji ......................... .

(3) *A* : ......................... ......................... you do in the future ?
　　　　　　　　　　　　　　　　　　　　　　将来

　 *B* : I'll work at a bank.
　　　　　　銀行

**4** 次の日本文に合うように，(　)内の語句を並べかえなさい。(15点 × 2)

(1) 次の月曜日のニューヨークの天気はどうですか。

( be，New York，the weather，will，in，how ) next Monday ?

......................................................................... next Monday ?

(2) 晴れるでしょう。((1)の答え)　( sunny，will，it，be ).

......................................................................................................... .

合格点 **80**点
得点 点

解答 ➡ P.77

**1** 次の英文の（　）内から適切な語句を〇で囲みなさい。(8点×3)

(1) I ( am going,　will ) go to America next year.

(2) Jun ( isn't,　won't ) practice the guitar this afternoon.

(3) Risa will ( have,　has ) a pet in the future.

**2** 次の2文がほぼ同じ内容を表すように，適切な語を書きなさい。

(1) { Are they going to study hard this weekend ?　(8点×3)
　　{ ........................... they ........................... hard this weekend ?

(2) { I'll call my cousin this evening.
　　{ I'm ........................... ........................... call my cousin this evening.

(3) { We won't walk to school.
　　{ We ........................... ........................... to ........................... to school.

**3** 次の疑問文に対する応答文として適切なものを下から選びなさい。

(1) Are you going to visit your uncle next week ?　[　　]　(10点×3)

(2) Will you visit your grandfather next week ?　[　　]

(3) What will you do this weekend ?　[　　]

　ア Yes, I will.　　イ Yes, I am.　　ウ I'll visit my uncle.

**4** 次の日本文に合うように，（　）内の語句を並べかえなさい。(11点×2)

(1) 彼は今夜，家にいません。　( not, be, will, home, he ) tonight.

　........................................................................................ tonight.

(2) あなたはどのくらいロンドンに滞在するつもりですか。

　( to, are, in London, going, long, you, stay, how )?

　........................................................................................ ?

# 59 仕上げテスト ①

合格点 80点
得点　　　点

解答 ➡ P.77

**1** 適切な語を入れて，対話文を完成しなさい。(8点×5)

(1) A : ................................ book is this ?　B : ................................ mine.

(2) A : ................................ ................................ you do last night ?　B : I read a book.

(3) A : ................................ ................................ CDs does Aiko have ?

　B : She ................................ about one hundred.

(4) A : ................................ are those girls ?　B : ................................ are my friends.

(5) A : ................................ does Tom live ?　B : He ................................ in Yokohama.

**2** 次の日本文に合うように，適切な語を書きなさい。(6点×3)

(1) わたしの妹はたいていバスで学校へ行きます。

　My sister usually ................................ to school ................................ bus.

(2) わたしたちの学校は 4 月に始まります。

　................................ school ................................ in April.

(3) 彼らといっしょにサッカーをしましょう。

　................................ play soccer with ................................ .

**3** 次の英文の誤りを正しなさい。ただし，下線部はかえないこと。(6点×3)

(1) <u>Did</u> he ran yesterday ?　　　　................................ → ................................

(2) <u>Will</u> Ken makes a cake ?　　　................................ → ................................

(3) <u>Yuki</u> always helped I.　　　　................................ → ................................

**4** 次の日本文を英語に直しなさい。(12点×2)

(1) 窓を開けてはいけません。

　.............................................................................................................

(2) あなたは今朝，何時に起きましたか。

　.............................................................................................................

# 60 仕上げテスト②

**1** 次の2文がほぼ同じ内容を表すように，適切な語を書きなさい。(5点×2)

(1) { Emily is a good softball player.
{ Emily ＿＿＿＿＿＿ softball ＿＿＿＿＿＿ .

(2) { Tom will stay in Osaka.
{ Tom ＿＿＿＿＿＿ ＿＿＿＿＿＿ ＿＿＿＿＿＿ stay in Osaka.

**2** 次の英文を（　）内の指示に従って書きかえなさい。(10点×5)

(1) Ken reads e-mails <u>every day</u>. （下線部をlast nightにかえて）

......................................................................................................

(2) I will go to the party tomorrow. （否定文に）

......................................................................................................

(3) John's brother is washing his car. （否定文に）

......................................................................................................

(4) Mary has dinner <u>at about seven</u>. （下線部をたずねる文に）

......................................................................................................

(5) They saw her <u>three days ago</u>. （下線部をたずねる文に）

......................................................................................................

**3** 次の日本文を英語に直しなさい。(10点×4)

(1) わたしは彼のことをよく知りませんでした。

......................................................................................................

(2) これらの質問はあなたにとって難しいですか。

......................................................................................................

(3) あなたたちはここで何をしていましたか。

......................................................................................................

(4) ユミはギターを弾くことができます。

......................................................................................................

# 解 答 編

## 1 わたしは〔あなたは〕〜です。

❶ (1) am (2) are (3) am (4) are

❷ (1) I, am (2) You, are (3) I'm
(4) You're

❸ (1) わたしはアメリカ出身です。
(2) あなたは野球選手です。

❹ (1) I am Suzuki Kota
(2) I am from Canada
(3) You are a junior high school student

**解説**

❶ 「〜は…です」と言うときは，主語がI「わたしは」のときは am, you「あなたは」のときは are を使う。

❷ (3) I'm は I am の短縮形。 (4) you're は you are の短縮形。

❸ (1) I am from 〜「わたしは〜の出身です」 (2) baseball player「野球選手」

## 2 あなたは〜ですか。

❶ (1) Are (2) am not (3) I'm
(4) are not (5) not

❷ (1) Are, you (2) No, I'm, not
(3) am, not
(4) You're, not〔You, aren't〕

❸ (1) Are you a nurse
(2) Yes, I am
(3) You are not Ken's sister
(4) I am not a pianist

**解説**

❶ (1)「あなたは学生ですか。」 (2)「わたしはサッカー選手ではありません。」
(3)「わたしは名古屋出身ではありません。」 (4)「あなたは先生ではありません。」 (5)「あなたはミキのお兄さん〔弟〕ではありません。」You're は You are の短縮形なので，not を続けると否定文になる。

❷ (2) Are you 〜 ? には，Yes, I am. または No, I am〔I'm〕not. と答える。
(4) 空所が2つなので You are の短縮形 You're または are not の短縮形 aren't を使う。

❸ (2) Yes のあとにはコンマ(,)を入れる。
(3) 人の名前に 's をつけると「〜の」という意味になる。「ケンの妹」は Ken's sister。

## 3 1本のペン，1つのりんご

❶ (1) a (2) a (3) an (4) an
(5) an (6) a (7) an (8) an

❷ (1) a (2) a (3) an (4) ×

❸ (1) I am an old friend
(2) Are you Akiko's father

❹ (1) Are you a junior high school student ?
(2) I am from New York.

**解説**

❶ 発音が母音(a, i, u, e, o)で始まる名詞の前には an, 子音(a, i, u, e, o 以外)で始まる名詞の前には a を置く。

❷ (1)「わたしは新入生です。」 (2)「あなたはバスケットボール選手です。」 (3)「わたしは英語の先生ではありません。」
(4)「あなたはケイトではありません。」人名の前に a, an はつけない。

解答

③ (1) 不要な語は a。 (2) 不要な語は an。
④ (1)「あなたは中学生ですか。」junior は
子音の発音で始まる。 (2)「わたしは
ニューヨーク出身です。」地名の前に a,
an はつけない。

## 4 これは[あれは]〜です。

① (1) am (2) is (3) are (4) is
② (1) This, is (2) That, is
(3) That's
③ (1) こちらはケイコのお父さんです。
(2) あれは古いカメラです。
④ (1) That is a new guitar
(2) This is Yumi's sister

**解説**

① 主語が this, that のとき, be動詞は is
を使う。 (1)「わたしは英語の先生です。」
(2)「これはかばんです。」 (3)「あなたは
テニス選手です。」 (4)「あれは卵です。」
② (3) That's は That is の短縮形。

## 5 これは[あれは]〜ですか。

① (1) Is this your brother ?
(2) That is not〔That isn't / That's
not〕a new computer.
② (1) Is, that, an
(2) it, isn't〔it's, not〕
(3) is, not (4) isn't, It
(5) That, isn't〔That's, not〕, It's
③ (1) That is not a cup
(2) Is this Tom's bike
(3) Yes, it is

**解説**

① (1) is を主語 this の前に出す。 (2) is
の後ろに not を置く。
② (1)「古いテーブル」old table の old は母
音の発音で始まる語。 (2) is not の短縮

形 isn't, または it is の短縮形 it's を使う。

## 6 まとめテスト①

① (1) are (2) is (3) am (4) not
(5) Are, I'm (6) Is, it
(7) Is, it's
② (1) I'm, not (2) is, an
(3) You, aren't〔You're, not〕
③ (1) That is not〔That isn't / That's
not〕Mami's English teacher.
(2) This is Tanaka Rina.
(3) This is an old bike.

**解説**

① (1)「あなたは野球選手です。」 (2)「これ
はカズキの犬です。」 (3)「わたしはカナ
ダ出身です。」 (4)「あれは鉛筆ではあり
ません。」 (5)「あなたは先生ですか。」
「いいえ, ちがいます。」 (6)「これはア
キのかばんですか。」「はい, そうです。」
(7)「あれは図書館ですか。」「いいえ, ち
がいます。」
② (2)「かさ」umbrella は母音の発音で始
まる語。
③ (1)「あちらはマミの英語の先生ではあり
ません。」 (2)「こちらは田中リナです。」
(3)「これは古い自転車です。」

## 7 彼は[彼女は]〜です。

① (1) is (2) am (3) is (4) is
(5) are
② (1) He's (2) She's (3) It's
③ (1) She, is (2) He, is (3) He's
(4) She's
④ (1) あちらはマイクです。彼はオー
ストラリア出身です。
(2) こちらはユミのお母さんです。
彼女は音楽の先生です。

-62-

① (1)「彼は京都出身です。」 (2)「わたしは学生です。」 (3)「彼女は医者です。」 (4)「あれはわたしの学校です。」 (5)「あなたは英語の先生です。」

② (1)「こちらはケンです。彼は高校生です。」 (2)「こちらはメアリーです。彼女は数学の先生です。」 (3)「これはオレンジではありません。それはりんごです。」

## 8 彼は〔彼女は〕～ですか。

① (1) Is Jim a high school student ?
(2) She is not〔She isn't / She's not〕Kaori's friend.

② (1) Is, he (2) he, is
(3) Is, she
(4) she, isn't〔she's, not〕
(5) is, not (6) isn't

③ (1) Is he a new student
(2) Is Mary Yuka's friend
(3) She is not a singer
(4) He isn't my uncle

**解説**

① (1)「ジムは高校生ですか。」 (2)「彼女はカオリの友だちではありません。」

## 9 これは～ですか、それとも…ですか。

① (1) Is, or (2) It's (3) Is, or
(4) It's

② (1) 彼女はカナダ出身ですか、それともアメリカ合衆国出身ですか。
—彼女はカナダ出身です。
(2) メアリーのお兄さん〔弟〕は学生ですか、それとも先生ですか。
—彼は先生です。

③ (1) Is this a school or a library ?
— It is〔It's〕a school.

(2) Is he a singer or an actor ?
— He is〔He's〕a singer.

④ Is this your bike or Mike's bike

**解説**

① Is this ～ or ... ? には、具体的に～か…かのいずれかを答え、Yes / No で答えない。

③ (1)「これは学校ですか、それとも図書館ですか。」「それは学校です。」 (2)「彼は歌手ですか、それとも俳優ですか。」「彼は歌手です。」

## 10 これは〔あれは〕何ですか。

① (1) It (2) What's

② (1) What, is (2) It, is, a
(3) What's (4) It's, an

③ (1) It is〔It's〕an apple.
(2) It is〔It's〕Emi's piano.
(3) What is〔What's〕this ?

④ (1) イ (2) ア (3) ウ

**解説**

① (1) What is this〔that〕? に答える文の主語は it。 (2) What is の短縮形は What's。

② (4) It's は It is の短縮形。

④ (1) Is this ～ ? には Yes / No で答える。 (2) What で始まる疑問文には具体的に答える。 (3)「～ですか、それとも…ですか。」には～か…のどちらかで答える。

## 11 わたしの、あなたの、彼の、彼女の

① (1) my (2) her (3) your (4) his

② (1) My, her (2) your, his

③ (1) My, name (2) my (3) His
(4) her

**4** (1) Her father is a music teacher
(2) Is this his pen or

**解説**

**3** (1) A「あなたの名前は何ですか。」B「わたしの名前はユミです。」 (2) A「これはあなたのバイオリンですか。」B「はい。それはわたしのバイオリンです。」 (3) A「あなたのお兄さん〔弟〕の名前はケンですか。」B「いいえ。彼の名前はケンタです。」 (4) A「これはカオリの自動車ですか。」B「はい。それは彼女の新しい自動車です。」

## 12 まとめテスト②

**1** (1) She (2) He's (3) she
(4) It, his (5) your, It (6) It's
**2** (1) His, brother, is
(2) my, or, your
(3) He, isn't, her〔He's, not, her〕
**3** (1) This is your desk.
(2) What is〔What's〕 that ?

**解説**

**1** (1)「こちらはメアリーです。彼女は先生です。」 (2)「こちらはタツヤです。彼は京都出身です。」 (3)「ユミはダンサーですか。」「はい，そうです。」 (4)「あれはケンタの犬ですか。」「いいえ。それは彼の犬ではありません。」 (5)「これはあなたのラケットですか。」「いいえ。それはわたしのラケットではありません。」(6)「これは何ですか。」「それはコンピュータです。」
**3** (1)「〜の」と物の持ち主を表す語の前にa，an はつかない。「これはあなたの机です。」 (2)「あれは何ですか。」

## 13 わたしは〔あなたは〕〜が好きです。

**1** (1) like (2) have (3) use
(4) want
**2** (1) あなたにはお兄さん〔弟〕がいます。
(2) わたしは毎日数学を勉強します。
**3** (1) know, well
(2) like, very〔so〕, much
(3) play, the, well
**4** (1) You have a cat
(2) I walk to school

**解説**

**2** (1) have には「〜を持つ」という意味のほかに「(兄弟など)がいる」という意味もある。
**3** (1)「〜をよく知っている」は know 〜 well。 (2)「〜が大好き」は like 〜 very much。 (3)「(楽器)を演奏する」は〈play the ＋楽器名〉。「上手に」は well。
**4** (1) have には「〜を飼っている」という意味もある。 (2)「〜へ歩いて行く」は walk to 〜。

## 14 あなたは〜が好きですか。

**1** (1) Do (2) Do (3) do (4) don't
**2** (1) Do, like (2) I, do
(3) Do, speak (4) I, don't
(5) What, do, do (6) play
(7) do, not, use
(8) don't, make〔cook〕
**3** (1) I do not〔don't〕 have an umbrella in my hand.
(2) Do you play the guitar every day ?

**解説**

**1** (1)「あなたはバスで学校へ行きますか。」
(2)「あなたはしばしば昼食を料理します

か。」 (3)「わたしは田中さんを知りません。」 (4)「あなたは新聞を読みません。」
don't は do not の短縮形。

② (5) do には「～をする」という意味の一般動詞の用法もある。

---

## 15 2人の友だち，3本のペン

❶ (1) four, chairs (2) twelve, cities
(3) six, knives (4) fifteen, buses
(5) seven, watches
❷ (1) eight, balls (2) some, friends
(3) any, brothers
(4) a[one], two, cats
(5) many, books
❸ (1) I do not[don't] eat any eggs for breakfast.
(2) I want five boxes.

**(解説)**

❶ 名詞の複数形はふつう語尾に -s をつける。例外を覚えよう。 (2) 語尾が〈子音字＋ y〉のときは y を i にかえて -es をつける。 (3) 語尾が f, fe のときは f, fe を v にかえて -es をつける。(4)(5) 語尾が s, sh, ch, x のときは -es をつける。
❷ (2)(3)「何人[いくつ]かの」は肯定文では some，疑問文では any。
❸ (1)「わたしは朝食に卵を1つも食べません。」not ～ any「1つも[まったく]～ない」 (2)「わたしは箱が5つほしい。」box の複数形は -es をつける。

---

## 16 何人の～。／いくつの～。

❶ (1) How, pens (2) three, pens
❷ (1) How, birds
(2) many, notebooks, need
❸ (1) How many apples do you want ?

(2) How many books do you read in a week ?
❹ (1) How many dictionaries do you have
(2) How many erasers do you use

**(解説)**

❶ (1) 数をたずねるときは，〈How many ＋名詞の複数形 ～ ?〉の形。
❷ (1) A「あなたには鳥が何羽見えますか。」B「2羽見えます。」 (2) A「あなたは何冊のノートが必要ですか。」B「10冊のノートが必要です。」
❸ (1)「あなたはいくつりんごがほしいですか。」 (2)「あなたは1週間に本を何冊読みますか。」

---

## 17 これらは[あれらは]～です。

❶ (1) These (2) they
❷ (1) Those, are
(2) These, are, cats
(3) Are, friends
(4) Are, these, rackets
❸ (1) they, aren't[they're, not]
(2) What, are
❹ (1) Those are my notebooks.
(2) Are these girls students ?
— Yes, they are.

**(解説)**

❸ (1) A「この少年たちはあなたの大好きなミュージシャンですか。」B「いいえ，ちがいます。」 (2) A「あれらは何ですか。」B「それらは日本語の本です。」
❹ (1)「あれらはわたしのノートです。」 (2)「この少女たちは学生ですか。」「はい，そうです。」

解答

## 18 〜はだれですか。

**❶** (1) Who, is　(2) She, is
　　(3) Who, are　(4) They
**❷** (1) エ　(2) ア　(3) イ　(4) ウ
**❸** (1) Who is this man
　　(2) Who are those students

**(解説)**

**❶** (3) 主語の those boys は複数なので be
　　動詞は are。
**❸** 「〜はだれですか。」は〈Who + be 動詞
　　＋主語 ?〉で表す。

## 19 まとめテスト③

**❶** (1) Do, any　(2) Who, are, They
**❷** (1) How, many, eggs
　　(2) What, do
**❸** (1) play, well　(2) go, to
**❹** (1) I do not〔don't〕have any
　　American friends.
　　(2) I have three watches.
　　(3) These are buses.

**(解説)**

**❶** (1) A「あなたは何かペットを飼っていま
　　すか。」B「はい。犬を2匹とねこを1匹
　　飼っています。」　(2) A「向こうにいるあ
　　の少年たちはだれですか。」B「彼らはわ
　　たしの友だちです。」
**❸** (1)「あなたは上手なテニス選手です。」
　　＝「あなたは上手にテニスをします。」
　　(2)「わたしは高校生です。」＝「わたしは
　　高校に通っています。」
**❹** (1)「わたしはアメリカ人の友だちは1人
　　もいません。」　(2)「わたしは腕時計を3
　　本持っています。」　(3)「これらはバスで
　　す。」

## 20 〜しなさい。／〜しましょう。

**❶** (1) Sit　(2) Be, please
　　(3) Don't, speak　(4) don't, play
　　(5) Let's, go
**❷** (1) let's　(2) let's, not
**❸** (1) Read this book
　　(2) Don't run in the room
　　(3) Please don't be late
　　(4) Write a letter, please
　　(5) Let's swim in the sea

**(解説)**

**❶** (2) be は be 動詞の原形。
**❷** Let's 〜. に Yes / No で答える場合は,
　　それぞれ Yes, let's. / No, let's not. とい
　　う。　(1) A「野球をしましょう。」B「そ
　　うしましょう。」　(2) A「この歌をコン
　　サートで歌いましょう。」B「いいえ, や
　　めましょう。」
**❸** (4) 文の最後に please をつけるときは直
　　前にコンマ (,) が必要。

## 21 彼は〔彼女は〕〜が好きです。

**❶** (1) goes　(2) writes　(3) watches
　　(4) studies
**❷** (1) helps　(2) has
**❸** (1) My cousin speaks Spanish.
　　(2) Yumi's sister makes lunch
　　every Sunday.
**❹** (1) My uncle lives in London
　　(2) Mr. Smith teaches French in
　　this school

**(解説)**

**❶** (1)「わたしの兄〔弟〕は自転車で学校へ行
　　きます。」　(2)「その女の子は英語で名前
　　を書きます。」　(3)「ジャクソンさんは夕
　　食後, テレビを見ます。」　(4)「ジョンは
　　毎日数学を勉強します。」

**❸** 主語が３人称単数になるので，動詞の語尾に -(e)s をつける。　(1)「わたしのいとこはスペイン語を話します。」　(2)「ユミのお姉さん〔妹〕は毎週日曜日，昼食を作ります。」

## 22 彼は〔彼女は〕～が好きですか。

**❶** (1) Does, speak, he, does
(2) Does, live, she, doesn't
(3) What, does, She, reads
(4) does, not, like
**❷** (1) Hiroshi doesn't〔does not〕 have lunch with Yuta.
(2) Does Jim study math very hard ?
**❸** (1) Eri doesn't cook very much
(2) What does that boy have in his hand

**解説**
**❶** (3)「何を」とたずねるときは What で文を始めて，一般動詞の疑問文の語順を続ける。
**❷** (1)「ヒロシはユウタといっしょに昼食を食べません。」　(2)「ジムはとても熱心に数学を勉強しますか。」

## 23 わたしたちは〔あなたたちは〕～です。

**❶** (1) Are, you
(2) we, aren't〔we're, not〕
(3) We, sing　(4) Do, they
(5) they, do
**❷** (1) We are〔We're〕 from China.
(2) You and Yuki are good tennis players.
(3) Who are they ?
**❸** (1) エ　(2) イ　(3) ウ　(4) ア

**解説**
**❶** (3) 主語が複数のとき，一般動詞の語尾に -s, -es はつかない。　(4)(5)「彼らは」は they。
**❷** (1)「わたしたちは中国出身です。」
(2)「あなたとユキは上手なテニス選手です。」　(3)「彼女たちはだれですか。」
**❸** 疑問文が be 動詞の文か一般動詞の文か，また主語が何かを見きわめて，応答文を選ぶ。　(1)「あなたたちは英語の先生ですか。」　(2)「ケンとユミはあなた(たち)の友だちですか。」　(3)「あなたの兄弟は早く起きますか。」　(4)「あなたとあなたのお姉さん〔妹〕は速く泳ぎますか。」

## 24 あなたたちの／あなたを

**❶** (1) They, us　(2) My, you
(3) We, our
**❷** (1) me　(2) him　(3) your　(4) her
(5) them　(6) Their　(7) Its　(8) it
**❸** (1) あなた(たち)のお母さんはあなた(たち)のために朝食を作ります。
(2) わたしは彼女をよく知りません。

**解説**
**❷** (1)「わたしは彼を知っています。彼もわたしを知っています。」　(2)「こちらはケンジです。わたしはいつも彼といっしょにサッカーをします。」　(3)「これはあなたたちの学校ですか。」「はい。それはわたしたちの学校です。」　(4)「サラはアメリカに住んでいます。わたしはしばしば彼女にEメールを送ります。」　(5)「トムとエミリーはわたしの友だちです。わたしはときどき彼らに電話します。」
(6)「わたしは兄弟が２人います。彼らの名前はコウジとユウタです。」　(7)「わたしは自転車を１台持っています。その色は赤です。」　(8)「わたしたちはサッカー

が好きです。わたしたちはそれを毎日します。」

① (1) Let's　(2) him　(3) me　(4) Its
(5) Our　(6) it
② (1) Listen, her, please
(2) Don't, be　(3) They, don't
(4) you, their
(5) Does, your, them
③ (1) My sister reads a book after dinner.
(2) Keiko does not〔doesn't〕have a big bag.
(3) What (subject) does John study hard ?

**解説**

① (1)「買い物に行きましょう。」「はい，そうしましょう。」 (2)「あの男の子はショウタです。あなた(たち)は彼を知っていますか。」 (3)「わたしは両親を愛しています。彼らもわたしを愛しています。」 (4)「わたしはねこを1匹飼っています。その目は青いです。」 (5)「わたしたちの先生はとても背が高いです。」 (6)「数学は簡単ではありません。しかしわたしはそれが大好きです。」
③ (1)「わたしの姉〔妹〕は夕食のあとに本を読みます。」 (2)「ケイコは大きなかばんを持っていません。」 (3)「ジョンは何(の教科)を熱心に勉強しますか。」

① (1) Whose, chair　(2) It's, mine
(3) Whose, house　(4) It's, his
(5) Whose, ball　(6) ours
(7) theirs　(8) yours

② (1) hers　(2) mine
③ (1) あれはだれの自動車ですか。—それはケンのお父さんのものです。
(2) この新しいギターはだれのものですか。—それはカナコのものです。

**解説**

① (5) Whose はここでは「だれのもの」の意味。
③ 人名や名詞の語尾に's をつけると，「～の」や「～のもの」という意味になる。

① (1) Where, is　(2) on
(3) Where, do　(4) practice, at
(5) Where, does　(6) lives, in
② (1) Where's　(2) Where, do
(3) Where, are
③ (1) Where is〔Where's〕Emi's book ?
(2) Where does the boy play soccer ?

**解説**

① (4)「家で」は at home。
② どの応答文も場所を答えていることから疑問詞 where「どこに〔で〕」で始まる疑問文にする。 (1) A「わたしのかばんはどこですか。」B「机の下です。」Where is の短縮形は Where's。
(2) A「あなたは毎週土曜日にどこへ行きますか。」B「タケシの家に行きます。」
(3) A「クミの犬はどこですか。」B「ドアのそばです。」
③ (1)「エミの本はどこですか。」 (2)「その少年はどこでサッカーをしますか。」

## 28 〜月〜日，〜曜日に，〜時に

**①** (1) July, second (2) March, first
**②** (1) It, December, fifth
(2) in, September
(3) on, Wednesday(s)〔every,
Wednesday〕 (4) at, noon
**③** (1) わたしの母は7時半ごろ帰宅します。
(2) 北海道では2月に雪がたくさん降ります。
**④** (1) Ayaka gets up at six forty-five.
(2) Ken goes to bed at eleven on
〔every〕

### 解説

**②** (1) 文末に today があるので主語は it。
(2)「〜月に」は in を用いる。 (3)「〜曜日に」は on を用いる。「毎週水曜日に」と考えて every Wednesday でもよい。

## 29 いつ〜しますか。／〜はいつですか。

**①** (1) When, is, November
(2) When, do, night
(3) When, does, after
**②** (1) on (2) They, in (3) play, in
(4) goes, in
**③** (1) When is〔When's〕 the school festival ?
(2) When does Ken watch TV ?

### 解説

**②** (1) A「あなたはいつ踊りますか。」B「わたしは土曜日に踊ります。」 (2) A「あの少年たちはいつ泳ぎますか。」B「彼らは夏に泳ぎます。」 (3) A「あなたはいつバレーボールをしますか。」B「わたしはそれを夕方にします。」 (4) A「あなた（たち）のお父さんはいつ沖縄に行きますか。」B「彼は8月にそこへ行きます。」

**③** (1)「文化祭はいつですか。」 (2)「ケンはいつテレビを見ますか。」

## 30 何時ですか。

**①** (1) What, time, it (2) It's, in
(3) What, time (4) about, o'clock
**②** (1) What, time, It's
(2) What, time, at
**③** (1) What time is it now in Sydney ?
(2) What time does Ken get up on Sundays ?
**④** What time does your father usually leave home

### 解説

**①** (4)「〜時ごろ」は at about 〜。
**②** A「ニューヨークでは今，何時ですか。」B「午前9時です。」 (2) A「あなた（たち）の学校は何時に始まりますか。」B「8時20分に始まります。」
**③** (1)「シドニーでは今，何時ですか。」
(2)「ケンは日曜日，何時に起きますか。」
**④** usually「たいてい」はふつう一般動詞の前に置く。「家を出発する」は leave home。

## 31 この花はきれいです。

**①** (1) new (2) favorite, song
(3) is, big
**②** (1) あなた（たち）のおばさんは若いです。
(2) わたしたちのサッカーチームは人気があります。
(3) これはおもしろい本ですか。
**③** (1) a, beautiful (2) is, nice
**④** (1) This watch isn't old
(2) My camera is very small

### 解説

**③** (1)「あの鳥は美しい。」＝「あれは美しい

鳥です。」 (2)「ケンはすてきな自転車を持っています。」=「ケンの自転車はすてきです。」

## 32 まとめテスト⑤

**❶** (1) hers (2) ours (3) Whose
(4) What time
**❷** (1) Where, is
(2) What, time, it, in
(3) When, on
**❸** (1) January, ninth
(2) old, his (3) mine, yours
**❹** (1) good, singer (2) new, theirs

**解説**

**❶** (1)「これはアヤのかばんです。あのかばんも彼女のものです。」 (2)「あれらはあなたたちのボールですか。」「はい。それらはわたしたちのものです。」 (3)「あれはだれのカメラですか。」「それはわたしの母のものです。」 (4)「あなたは何時に帰宅しますか。」「わたしは6時に帰宅します。」
**❷** (1) A「エミリーはどこにいますか。」B「彼女は台所にいます。」 (2) A「東京では今、何時ですか。」B「午前8時です。」 (3) A「ポールはいつ映画を見ますか。」B「日曜日です。」
**❹** (1)「メアリーはとても上手に歌を歌います。」=「メアリーはとても上手な歌手です。」 (2)「これは彼ら〔彼女ら〕の新しい家です。」=「この新しい家は彼ら〔彼女ら〕のものです。」

## 33 ～しているところです。

**❶** (1) am, watching
(2) are, reading (3) is, studying
**❷** (1) is running (2) are swimming

**❸** (1) making ／ 彼ら〔彼女ら〕は今、ケーキを作っているところです。
(2) flying ／ (1羽の)鳥が空を飛んでいます。
**❹** (1) Emi is looking at a picture
(2) I am doing my homework

**解説**

**❷** (1)「ジョンは今、走っているところです。」run は語尾の n を重ねて ing をつけ、running となる。 (2)「サリーとジムは今、泳いでいるところです。」主語が複数なので be 動詞は are。swim は語尾の m を重ねて ing をつけ、swimming となる。
**❸** (1) make は語尾の e をとって、ing をつける。

## 34 ～しているところですか。

**❶** (1) オ (2) カ (3) ア
**❷** (1) Are, swimming
(2) I'm, studying
(3) isn't, running
**❸** (1) We are not〔We aren't / We're not〕 cleaning our classroom.
(2) Is Mike teaching math now ?
**❹** (1) Are they sleeping
(2) Tom is not〔isn't〕 using a computer

**解説**

**❶** (1)「あなたはお父さんを手伝っているところですか。」 (2)「ホワイトさんは昼食を料理しているところですか。」 (3)「あなたのお母さんは皿を洗っているところですか。」
**❸** (1)「わたしたちは教室を掃除しているところではありません。」 (2)「マイクは今、数学を教えているところですか。」

## 35 何をしているところですか。

**❶** (1) What, writing
(2) Where, studying
(3) Whose, is (4) Who, is

**❷** (1) What, are
(2) Where, are, going
(3) Who, are

**❸** (1) What is〔What's〕your father doing now ?
(2) Who is〔Who's〕playing the piano now ?
(3) Where are they watching TV now ?

**(解説)**

**❶** (4) 疑問詞 who が主語の疑問文。who は 3 人称単数扱いなので, be動詞は is を用いる。

**❷** (1) A「あなたたちはここで何をしていますか。」B「わたしたちはサッカーをしています。」 (2) A「生徒たちはどこへ行っていますか。」B「彼らは博物館へ行っています。」 (3) A「だれが昼食を作っていますか。」B「ユキとケンタです。」答えの文の主語は複数なので, be動詞は are を用いる。

## 36 ～できます。

**❶** (1) can, make (2) can, swim
(3) can, write

**❷** (1) You can see Mt. Fuji from here.
(2) Emily can teach music.

**❸** (1) Jim can sing the song.
(2) Your sister can play the flute well.

**❹** Meg can speak Chinese a little
〔Meg can speak a little Chinese〕

**(解説)**

**❷** (1)「あなた(たち)はここから富士山を見ることができます。」 (2)「エミリーは音楽を教えることができます。」主語が何でも〈can ＋動詞の原形〉の形。

**❹**「少し」は a little。

## 37 ～できますか。

**❶** (1) Can you drive a car ?
(2) Mike can't〔cannot〕write Japanese.

**❷** (1) Can, swim (2) I, can
(3) Can, speak
(4) she, can't〔cannot〕
(5) can't〔cannot〕, run

**❸** (1) Can your sister play the violin
(2) He cannot go to the library

**(解説)**

**❶** (1)「あなた(たち)は自動車を運転することができますか。」 (2)「マイクは日本語を書くことができません。」

## 38 どこで～できますか。

**❶** (1) What, do
(2) What, time, come
(3) Where, buy〔get〕

**❷** (1) How, can
(2) How, many, can
(3) When, can (4) Who, can

**❸** (1) Where can we play baseball
(2) What can your father cook

**(解説)**

**❷** (1) A「わたしはどのようにして駅へ行くことができますか。」B「あなたはバスでそこへ行くことができます。」 (2) A「あなたは何か国語を話すことができますか。」B「わたしは 2 か国語を話すことが

**解答**

できます。」　(3) A「生徒たちはいつコンピュータを使うことができますか。」B「彼らはそれらを放課後に使うことができます。」　(4) A「だれがこの箱を開けることができますか。」B「ジョンができます。」

## 39　～してもいいですか。／～してくれませんか。

**❶** (1) you, come
(2) sorry, can't〔cannot〕
(3) I, close　(4) course
(5) Can, you　(6) right
**❷** (1) Can, you　(2) Can, I
**❸** (1) Can I use this bike
(2) Can you open the door

**解説**

**❶** (2)「すみません。」は I'm sorry.。
(4)「もちろん」は of course.。　(6)「わかりました。」は All right.。
**❷** (1) A「わたしを手伝ってくれませんか。」B「すみませんが、できません。わたしは今、忙しいです。」　(2) A「ここで写真を撮ってもいいですか。」B「もちろん。」

## 40　まとめテスト⑥

**❶** (1) play　(2) Can　(3) are　(4) Is
(5) can
**❷** (1) What, is　(2) can
(3) No, isn't　(4) I
**❸** (1) What are you doing
(2) We are not making curry
(3) You cannot climb the mountain
in winter

**解説**

**❶** (1)「ジョンはギターを上手に弾くことができます。」　(2)「あなた(たち)は自転車に乗ることができますか。」　(3)「生

徒たちは海で泳いでいるところです。」
(4)「ユキは音楽を聞いているところですか。」　(5)「あなたはスペイン語を話すことができますか。」「はい、できます。」
**❷** (1) A「あなた(たち)のお姉さん〔妹〕は今、何を読んでいますか。」B「ハリー・ポッターを読んでいます。」　(2) A「あなた(たち)のクラスでだれが日本食を料理することができますか。」B「エミリーができます。」　(3) A「ボブは今、自分の部屋で勉強していますか。」B「いいえ、していません。彼は今、寝ています。」
(4) A「わたしは今、とてもおなかがすいています。このりんごを食べてもいいですか。」B「ええ、もちろんです。」

## 41　テニスをしました。

**❶** (1) played　(2) watched
(3) studied　(4) lived　(5) visited
**❷** (1) listened　(2) stayed
(3) stopped
**❸** (1) The students enjoyed
basketball after school
(2) carried the box last week
(3) used your bike three days ago

**解説**

**❶** (1)「彼は昨日、テニスをしました。」
(2)「わたしは昨夜、テレビを見ました。」
(3)「トムはこの前の土曜日に日本語を勉強しました。」study は y を i にかえて
-ed をつける。　(4)「彼ら〔彼女ら〕は昨年、大阪に住んでいました。」　(5)「スミスさんは先月、東京を訪れました。」
**❷** (3) stop の過去形は語尾の p を重ねて
-ed をつける。
**❸** (2) carried は carry「運ぶ」の過去形。

## 42 京都に行きました。

**1** (1) went (2) spoke (3) came
(4) wrote (5) knew (6) took

**2** (1) had (2) saw (3) read
(4) bought〔got〕

**3** (1) I ran in the park two hours ago.
(2) Jim got up early yesterday morning.
(3) My sister made a cake last week.

### 解説

**1** (1)「わたしは昨年，中国へ行きました。」
(2)「あなた(たち)はこの前の日曜日，英語を上手に話しました。」 (3)「彼は1時間前に，わたしの家に来ました。」
(4)「ジェーンは昨夜，手紙を書きました。」
(5)「彼女はあの少年たちをよく知っていました。」 (6)「わたしたちは昨日，たくさんの写真を撮りました。」

**3** (1)「わたしは2時間前，公園を走りました。」 (2)「ジムは昨日の朝，早く起きました。」 (3)「わたしの姉〔妹〕は先週，ケーキを作りました。」

## 43 ～しましたか。

**1** (1) Did she have a white dress ?
(2) Haruka didn't〔did not〕know your house.

**2** (1) Did, call (2) I, did
(3) didn't, close

**3** (1) Did, didn't, went
(2) Did, didn't, made

**4** (1) Did you study English yesterday
(2) did not eat breakfast this morning

### 解説

**1** (1)「彼女は白いドレスを持っていましたか。」 (2)「ハルカはあなた(たち)の家を知りませんでした。」

**3** (1) A「ヒロミはこの前の土曜日，大阪へ行きましたか。」B「いいえ，行きませんでした。彼女は京都へ行きました。」
(2) A「ボブは昨日，このいすを作りましたか。」B「いいえ，作りませんでした。ジムがこの前の日曜日，それを作りました。」

## 44 いつ～しましたか。

**1** (1) What, did, do
(2) Where, did, see
(3) Who, made〔cooked〕

**2** (1) What, time, came
(2) When, did, wrote
(3) Where, did, lived, in
(4) What〔Which〕, studied

**3** (1) How many notebooks did you buy yesterday
(2) How did Takashi go to Mr. Brown's house

### 解説

**2** (1) A「あなたは昨日，何時に帰宅しましたか。」B「6時半に帰宅しました。」
(2) A「マイクはいつこの手紙を書きましたか。」B「昨年書きました。」 (3) A「あなたたちは5年前にどこに住んでいましたか。」B「横浜に住んでいました。」
(4) A「あなたは昨夜，どの教科を勉強しましたか。」B「理科を勉強しました。」

## 45 ～でした。

**1** (1) was (2) were (3) was
(4) were

解答

**②** (1) was, a　(2) were, very〔so〕
(3) It, was

**③** (1) were happy yesterday evening
(2) were in the same class last year
(3) was in the library an hour ago

**解説**

**①** (1)「わたしは10年前，13歳でした。」
(2)「あなた(たち)は昨日，疲れていました。」　(3)「ジョンは2週間前，病気でした。」　(4)「ボブとわたしは昨年，クラスメートでした。」

---

**46**　～でしたか。

**①** (1) I was not〔wasn't〕 busy yesterday.
(2) Were the players very tired ?

**②** (1) Were, you　(2) I, was
(3) was, not

**③** (1) Was, he, wasn't
(2) Were, we, weren't

**④** (1) The pictures were not very beautiful
(2) Were you at home yesterday

**解説**

**①** (1)「わたしは昨日，忙しくありませんでした。」　(2)「選手たちはとても疲れていましたか。」

**③** (1) A「タナカさんは先月，大阪にいましたか。」B「いいえ，いませんでした。」
(2) A「あなた(たち)とボブは昨年，クラスメートでしたか。」B「いいえ，ちがいます。」

---

**47**　～はどうでしたか。

**①** (1) Where were Tom's textbooks ?

---

(2) How much was the bag ?

**②** (1) How, was
(2) What, time, was

**③** (1) Where, were
(2) How, old, was
(3) Who, was

**④** (1) How were the ideas
(2) What was the problem

**解説**

**①** (1)「トムの教科書はどこにありましたか。」　(2)「そのかばんはいくらでしたか。」

**③** (1) A「あなたはどこにいましたか。」B「体育館にいました。」　(2) A「あなたは5年前，何歳でしたか。」B「20歳でした。」　(3) A「あなた(たち)のクラスでだれが水泳が得意でしたか。」B「ケンタでした。」

---

**48**　～しているところでした。

**①** (1) was, taking　(2) was, studying
(3) were, using
(4) were, walking
(5) was, cutting

**②** (1) was, eating〔having〕
(2) were, reading
(3) was, sleeping

**③** (1) were swimming in the sea then
(2) My brother was watching the soccer game on TV
(3) Emi was doing her homework in her room

**解説**

**①** (1)「わたしは写真を撮っていました。」
(2)「トムは図書館で勉強していました。」
(3)「あなた(たち)はコンピュータを使っていました。」　(4)「わたしたちは通りを

歩いていました。」 (5)「わたしの母は
ケーキを切っていました。」

---

## 49 ～しているところでしたか。

**❶** (1) We were not〔weren't〕talking with Mr. Smith.
(2) Was Bob taking a bath at that time ?
**❷** (1) Were, doing (2) I, was
(3) wasn't, playing
**❸** (1) he, was (2) they, weren't
**❹** (1) They were not having lunch
(2) Was the boy playing soccer in the park

**解説**
**❶** (1)「わたしたちはスミスさんと話していませんでした。」 (2)「ボブはそのとき入浴していましたか。」
**❸** (1) A「その男性はソファーに座っていましたか。」 B「はい、座っていました。」
(2) A「ジムとトムは音楽を聞いていましたか。」 B「いいえ、聞いていませんでした。」

---

## 50 何をしているところでしたか。

**❶** (1) What, was (2) Who, were
**❷** (1) Where, were (2) Who, were
(3) What, were
**❸** (1) Where was your mother staying ?
(2) What were they reading ?
**❹** (1) Where was Aki walking
(2) What were you doing this morning

**解説**
**❷** (1) A「あなたたちはどこで勉強していましたか。」 B「図書館で勉強していまし

た。」 (2) A「だれがそのときわたしの大好きな歌を歌っていましたか。」 B「アンディーとケンです。」 (3) A「あなたは何を探していましたか。」 B「自転車のかぎを探していました。」
**❸** (1)「あなた(たち)のお母さんはどこに滞在していましたか。」 (2)「彼ら〔彼女ら〕は何を読んでいましたか。」

---

## 51 まとめテスト⑦

**❶** (1) go (2) read (3) were
(4) were
**❷** (1) オ (2) イ (3) カ
**❸** (1) was, making
(2) weren't, sitting
**❹** (1) It was not rainy
(2) What time did you go to bed last night

**解説**
**❶** (1)「わたしは昨年、北海道に行きませんでした。」 (2)「ジュンは昨日の夜、本を読みました。」 (3)「わたしのねこは1時間前、テーブルの下にいました。」
(4)「あなた(たち)の両親はだれを待っていましたか。」
**❷** (1)「あなたは自分の部屋を掃除していましたか。」 (2)「あなた(たち)のお父さんは今週、忙しかったですか。」 (3)「あなたは今朝、何をしましたか。」

---

## 52 ～するつもりです。①

**❶** (1) am, help (2) are, meet
(3) is, buy (4) are, stay
(5) are, walk
**❷** (1) is, make〔cook〕
(2) going, to (3) I'm, visit
(4) We're, play (5) He's, going

**③** (1) are going to do their homework after dinner

(2) is going to go to Canada next year

**(解説)**

**①** (1)「わたしは明日，エリを手伝うつもりです。」 (2)「あなた（たち）は今日，ビルに会うつもりです。」 (3)「トムは自動車を買うつもりです。」 (4)「わたしたちは東京に滞在するつもりです。」 (5)「その少年たちは学校へ歩いて行くつもりです。」

## 53 ～するつもりですか。①

**①** (1) Lucy is not〔isn't〕going to go shopping.

(2) Are they going to have lunch in the park ?

**②** (1) Is, make (2) she, is

(3) isn't, help

**③** (1) they, aren't〔they're, not〕

(2) Are, going

**④** (1) Are you going to clean your room

(2) are not going to swim in the sea

**(解説)**

**①** (1)「ルーシーは買い物に行くつもりはありません。」 (2)「彼ら〔彼女ら〕は公園で昼食を食べるつもりですか。」

**③** (1) A「あなた（たち）の両親は今晩9時に帰宅するつもりですか。」B「いいえ，ちがいます。」 (2) A「あなたは明日，ジムに会うつもりですか。」B「いいえ，ちがいます。わたしはフレッドに会うつもりです。」

## 54 何をするつもりですか。①

**①** (1) are, you (2) Where, study

(3) Which〔What〕, are

**②** (1) How, They're (2) When, is

(3) How, many, am

(4) What, time, leave

**③** (1) What are you going to watch on TV

(2) Who is going to make lunch

**(解説)**

**②** (1) A「学生たちはどうやって公園へ行くつもりですか。」B「自転車でそこへ行くつもりです。」 (2) A「リエはいつ入浴するつもりですか。」B「夕食のあとに入浴するつもりです。」 (3) A「あなたはりんごをいくつ買うつもりですか。」B「5個買うつもりです。」 (4) A「あなたたちは何時に家を出発するつもりですか。」B「午前7時に家を出発するつもりです。」

## 55 ～するつもりです。②

**①** (1) call (2) be

**②** (1) will, visit (2) will, be

**③** (1) will, buy (2) I'll, watch

**④** (1) My brother will be busy

(2) will go to the museum next week

**(解説)**

**③** be going to も will も未来のことを表す。
(1)「彼女はコウジにすてきなプレゼントを買うつもりです。」
(2)「わたしは今夜，サッカーの試合を見るつもりです。」I'll は I will の短縮形。

## 56 ～するつもりですか。②

**❶** (1) I will not〔won't〕teach Japanese in China.
(2) Will Jenny wash the dishes today?
**❷** (1) Will, practice (2) not, go
(3) won't, meet〔see〕
**❸** (1) he, will (2) I〔we〕, won't
**❹** (1) Will it be sunny tomorrow
(2) will not use the computers this afternoon

**解説**

**❶** (1)「わたしは中国で日本語を教えるつもりはありません。」 (2)「ジェニーは今日, 皿を洗うつもりですか。」
**❸** (1) A「あなた(たち)のお兄さん〔弟〕は今度の夏, 海で泳ぐつもりですか。」B「はい, そうです。」 (2) A「あなた(たち)は今晩, 家で夕食を食べるつもりですか。」B「いいえ, ちがいます。」

## 57 何をするつもりですか。②

**❶** (1) What time will Tom's friend arrive at the station?
(2) When will Lucy clean her room?
**❷** (1) will, buy〔get〕 (2) Where, will
**❸** (1) will, be (2) Who, will
(3) What, will
**❹** (1) How will the weather be in New York
(2) It will be sunny

**解説**

**❶** (1)「トムの友だちは何時に駅に着く予定ですか。」 (2)「ルーシーはいつ自分の部屋を掃除するつもりですか。」
**❸** (1) A「あなたは来年, 何歳になります

か。」B「14歳になります。」 (2) A「だれが明日, 朝食を料理しますか。」B「ケンジが料理します。」 (3) A「あなたは将来, 何をするつもりですか。」B「銀行で働くつもりです。」

## 58 まとめテスト⑧

**❶** (1) will (2) won't (3) have
**❷** (1) Will, study (2) going, to
(3) aren't, going, walk
**❸** (1) イ (2) ア (3) ウ
**❹** (1) He will not be home
(2) How long are you going to stay in London

**解説**

**❶** (1)「わたしは来年, アメリカに行くつもりです。」 (2)「ジュンは今日の午後, ギターを練習するつもりはありません。」 (3)「リサは将来, ペットを飼うつもりです。」
**❷** (1)「彼ら〔彼女ら〕は今週末, 熱心に勉強するつもりですか。」 (2)「わたしは今晩, いとこに電話するつもりです。」 (3)「わたしたちは学校へ歩いて行くつもりはありません。」won't は will not の短縮形。
**❸** (1)「あなたは来週, おじさんを訪ねるつもりですか。」 (2)「あなたは来週, おじいさんを訪ねるつもりですか。」 (3)「あなたは今週末, 何をするつもりですか。」

## 59 仕上げテスト①

**❶** (1) Whose, It's (2) What, did
(3) How, many, has
(4) Who, They (5) Where, lives
**❷** (1) goes, by
(2) Our, starts〔begins〕
(3) Let's, them

解答

**③** (1) ran→run  (2) makes→make
  (3) I→me
**④** (1) Don't open the window(s).
  (2) What time did you get up this
  morning ?

**解説**

**❶** (1) A「これはだれの本ですか。」B「わた
  しのものです。」 (2) A「あなたは昨夜,
  何をしましたか。」B「本を読みました。」
  (3) A「アイコは CD を何枚持っています
  か。」B「およそ100枚持っています。」
  (4) A「あの女の子たちはだれですか。」
  B「わたしの友だちです。」 (5) A「トム
  はどこに住んでいますか」。B「横浜に住
  んでいます。」
**❸** (1)「彼は昨日走りましたか。」 (2)「ケン
  はケーキを作るつもりですか。」 (3)「ユ
  キはいつもわたしを手伝ってくれまし
  た。」「わたしを」は me。

---

**60** **仕上げテスト②**

**❶** (1) plays, well  (2) is going to
**❷** (1) Ken read e-mails last night.
  (2) I will not〔won't〕 go to the
  party tomorrow.
  (3) John's brother is not〔isn't〕
  washing his car.
  (4) What time does Mary have
  dinner ?
  (5) When did they see her ?
**❸** (1) I did not〔didn't〕 know him
  well〔very much〕. / I did not
  〔didn't〕 know a lot about him.
  (2) Are these questions difficult
  for you ?
  (3) What were you doing here ?
  (4) Yumi can play the guitar.

**解説**

**❶** (1)「エミリーは上手なソフトボール選手
  です。」=「エミリーは上手にソフトボー
  ルをします。」 (2)「トムは大阪に滞在す
  る予定です。」
**❷** (1)「ケンは昨夜, E メールを読みまし
  た。」 (2)「わたしは明日, パーティーに
  行くつもりはありません。」 (3)「ジョン
  のお兄さん〔弟〕は自分の自動車を洗って
  いるところではありません。」 (4)「メ
  アリーは何時に夕食を食べますか。」
  (5)「彼ら〔彼女ら〕はいつ彼女を見ました
  か〔に会いましたか〕。」

# 数・曜日・月と変化形

## 数

| | | | | | |
|---|---|---|---|---|---|
| 1 | one | 11 | eleven | 21 | twenty-one |
| 2 | two | 12 | twelve | 22 | twenty-two |
| 3 | three | 13 | thirteen | 30 | thirty |
| 4 | four | 14 | fourteen | 40 | forty |
| 5 | five | 15 | fifteen | 50 | fifty |
| 6 | six | 16 | sixteen | 60 | sixty |
| 7 | seven | 17 | seventeen | 70 | seventy |
| 8 | eight | 18 | eighteen | 80 | eighty |
| 9 | nine | 19 | nineteen | 90 | ninety |
| 10 | ten | 20 | twenty | 100 | (one) hundred |

## 曜日

| | | | | | |
|---|---|---|---|---|---|
| 日曜日 | Sunday | 水曜日 | Wednesday | 金曜日 | Friday |
| 月曜日 | Monday | 木曜日 | Thursday | 土曜日 | Saturday |
| 火曜日 | Tuesday | | | | |

「今日は何曜日？」は
What day is it today?
「今日は何日？」は
What's the date today?
だよ。

## 月

| | | | | | |
|---|---|---|---|---|---|
| 1月 | January | 5月 | May | 9月 | September |
| 2月 | February | 6月 | June | 10月 | October |
| 3月 | March | 7月 | July | 11月 | November |
| 4月 | April | 8月 | August | 12月 | December |

## 代名詞の変化形

|  | ～は | ～の | ～を／～に | ～のもの |
|---|---|---|---|---|
| わたし | I | my | me | mine |
| あなた | you | your | you | yours |
| 彼 | he | his | him | his |
| 彼女 | she | her | her | hers |
| それ | it | its | it | — |
| わたしたち | we | our | us | ours |
| あなたたち | you | your | you | yours |
| 彼ら／彼女ら／それら | they | their | them | theirs |

## be 動詞の変化形

|  | 現在形 | 過去形 |
|---|---|---|
| I | am | was |
| he / she / it<br>三人称単数主語 | is | was |
| we / you / they<br>複数主語 | are | were |

amもisも
過去形は
wasなんだね。

## 不規則動詞の過去形

| 原　形 | 過去形 |
|---|---|
| become（なる） | became |
| buy（買う） | bought |
| come（来る） | came |
| do（する） | did |
| drink（飲む） | drank |
| eat（食べる） | ate |
| get（手に入れる） | got |
| go（行く） | went |
| have（持つ） | had |
| know（知る） | knew |

| 原　形 | 過去形 |
|---|---|
| make（作る） | made |
| meet（会う） | met |
| read（読む） | read |
| run（走る） | ran |
| say（言う） | said |
| see（見る） | saw |
| speak（話す） | spoke |
| swim（泳ぐ） | swam |
| take（持って行く） | took |
| write（書く） | wrote |

☆21